让孩子们心动的故事

Make friends with bravery

和勇敢
交朋友

燕子 主编

哈尔滨工业大学出版社
HARBIN INSTITUTE OF TECHNOLOGY PRESS

图书在版编目(CIP)数据

和勇敢交朋友 / 燕子主编. — 哈尔滨：哈尔滨工业大学出版社，2016.1
(让孩子们心动的故事)
ISBN 978-7-5603-5396-8

Ⅰ. ①和… Ⅱ. ①燕… Ⅲ. ①童话 – 作品集 – 世界 Ⅳ. ①I18

中国版本图书馆 CIP 数据核字（2015）第 114393 号

让孩子们心动的故事

和勇敢交朋友

策划编辑	甄淼淼
责任编辑	范业婷
文字编辑	葛文婷　苗　青
装帧设计	麦田图文
美术设计	Suvi zhao　蓝图
出版发行	哈尔滨工业大学出版社
社　　址	哈尔滨市南岗区复华四道街 10 号　邮编 150006
传　　真	0451-86414749
网　　址	http://hitpress.hit.edu.cn
印　　刷	牡丹江邮电印务有限公司
开　　本	889mm×1194mm　1/32　印张 5　字数 60 千字
版　　次	2016 年 1 月第 1 版　2016 年 1 月第 1 次印刷
书　　号	ISBN 978-7-5603-5396-8
定　　价	16.80 元

（如因印装质量问题影响阅读，我社负责调换）

前言

嘿,亲爱的你,最近心情怎么样?晴空万里,还是阴云密布?或许你到了有"心事"的年龄了,让我猜猜,都有哪些烦心事呢?

是不是你被家长或者老师说,不合群、不愿与人分享、不爱思考、不愿和人交往、不相信他人、做事情拖拉、不注意安全、不守信用、不自信等。

嘿,别担心,快翻开这本让无数孩子心动的故事书,神奇的魔力会让懒惰变勤奋、说谎变诚实、懦弱变勇敢、哭泣变微笑……

嘿,成长就是这样,笑对生活,学会分享,让烦恼消失,让快乐回来!

- 七只乌鸦 6
- 坚强的小狮子 16
- 不莱梅的音乐家 24
- 小马过河 34
- 鹰和鸡 42
- 勇敢的小山羊 50
- 啄木鸟与树 60
- 勇敢的小刺猬 68
- 北极的一棵紫罗兰 76
- 长鼻子王子 84
- 坚定的小锡兵 92
- 凯伊和格尔达 100

目录

魔鬼的三根金发
110

大胆学害怕
138

打火匣
120

莴苣姑娘
152

contents

七只乌鸦

在一个很远的地方,住着一家人,家里生活着父亲、母亲、七个小男孩儿和一个小女孩儿。

尽管小女孩儿长得很漂亮,可她的身体却十分虚弱。

父亲说:"我多么希望她能活下来,我必须尽快为她洗礼。上帝啊,愿您保佑我的女儿,愿她能平安长大。"

于是,他便叫儿子们去井边打水。男孩儿们纷纷来到井边,他们争着、抢着,都要为妹妹打水,就在他们你争我抢的时候,水桶"扑通"一声掉进了井里。

男孩儿们暗暗地想:"哦,天哪,我们到底做了什么?要是父亲知道水桶掉进了井里,一定会责骂我们的,我们该怎么办呢?"

想到这里,男孩儿们心中充满了恐惧,他们只好待在井边,不敢回家。

父亲在家等了很久也不见孩子们回来,心中不免有些生气。

他着急地说:"时间已经过去这么久了,我的孩子们,你们为什么还不回来?真是让我着急!难道你们就一点儿也不在乎你们的妹妹吗?你们简直太过分了,我多么希望把你们变成乌鸦!"

上帝似乎听到了这位父亲的话。于是,便把父亲的七个儿子变成了七只乌鸦。

男孩子们变成乌鸦后就飞走了,恐怕不会有人知道他们飞到哪里去了?

看到儿子们真的变成了乌鸦,父亲难过地说:"我可怜的孩子们,我恐怕再也不能见到你们了。哎,我真不应该那样说!"

现在父亲只剩下一个女儿了,他望着女儿,心中似乎有了一点儿安慰。他双手合十放在胸前,在心中默默地祈祷着:"上帝呀,愿您保佑我的女儿平安长大。"

日子一天天过去,小女孩儿渐渐地长大了,她长得漂亮极了。尽管她的父亲和母亲十分想念她的七个哥哥,但他们从不愿表现出来,也从不愿说出口。

一天,邻居对小女孩儿说:"你还不知道吧,你有七个哥哥。他们完全是因为你的缘故才遭遇了不幸!"

听到邻居的话,小女孩儿心中十分难过,她

还不知道到底发生了什么事儿,带着疑问,小女孩儿回到家。

她问:"亲爱的爸爸、妈妈,你们愿意告诉我,关于我哥哥们的事儿吗?"

"这件事简直太痛苦了,现在你已经长大了,我们也没有必要再对你隐瞒了。"小女孩儿的父母回答道。

于是,两人便把事情的经过告诉了女孩儿。为了不让女孩儿难过,父亲安慰她说:"这些都是上帝的安排,和你完全没有关系,你没有必要放在心上。"

小女孩儿尽管表面上没有多说什么,心里却暗暗地想:"我一定要让我的哥哥们回来,我一定要为他们解除咒语。"

为了找到遭遇不幸的哥哥们,小女孩儿偷偷地离开了家。她带着很久以前父亲母亲送给她的一枚戒指、一块面包、一壶水和一张板凳,踏上了寻找哥哥的道路。

小女孩儿独自一人在路上走啊走,不知过了多少个春秋,也不知道过了多少个昼夜,她最终来到了天边,一颗星星看到了她。

星星对她说:"美丽的女孩儿,你一定是来寻找你哥哥的吧?他们就生活在玻璃山的城堡里面,要是你想念他们就快点去吧!这根木条便是打开城堡之门的钥匙,要是你把木条弄丢了,就再也不能走进城堡了,也就再也见不到你想念的哥哥们了。"

小女孩儿把木条放进口袋里,走了很远的山路,终于来到了玻璃山。就在小女孩儿想要打开城堡之门的时候,却找不到星星给的那根木条了。

"哎,我到底该怎么办呢?"小女孩儿着急地大声说。

小女孩儿回到山下寻找木条,却怎么都找不到,为了能打开城堡的那扇门,小女孩儿忍着疼痛割下了自己的小拇指,用它当作钥匙,

把门打开了。

这时,从门里面走出来一个小矮人,"你是谁?为什么来到这里?"小矮人问。

小女孩儿回答说:"听说我的哥哥们在这里,我多么希望能见到他们呀。"

"哦,你是说那七只乌鸦吧,他们是我的主人。他们已经出去很久了,恐怕要再过一会儿才能回来。要是你想见到他们,就请在这里等等吧。"

小矮人把小女孩儿请进了屋,他默默地将七个盘子摆在桌子上,把美味的面包放在了里面,倒满了七杯水。

小女孩儿拿起七个面包分别吃了一口,又拿起七杯水分别喝了一口。最后,她把带来的戒指扔进了其中的一个杯子里。

忽然,天空中传来一阵"哇哇"的叫声,小女孩儿看到七只乌鸦从远处飞来,她急忙躲了起来。

　　七只乌鸦的注意力很快就落到了美味的食物上，一只乌鸦疑惑地说："真是奇怪，到底是谁吃了我盘子里的东西？"

　　另一只乌鸦说："真奇怪，到底是谁喝了我杯子里的水？"

　　还有一只乌鸦说："你们快来看呀，这不是我们父母的戒指吗？难道你们就不感到奇怪吗？我想一定是我们的妹妹来这里了！要是那样的话，我们就可以变回原来的样子了！"

　　听到这儿，小女孩儿便从门后面走了出来，

七只乌鸦见到她的瞬间,一下子就恢复了原来的面貌。

"亲爱的妹妹,真没想到会在这里见到你!感谢你救了我们!"哥哥们动情地说。

"亲爱的哥哥们,你们一定想不到我有多么想念你们,爸爸和妈妈有多么想念你们,就让上帝指引我们回家吧!"看到哥哥们解除了咒语,小女孩儿高兴地说。

话音刚落,一条宽敞的大路就出现在他们面前。

和爸爸、妈妈一起分享

作为一位父亲,我深知和孩子分离的痛苦,故事中的父亲因为一句怨言,让孩子们变成了乌鸦。

这个故事让我明白:父母在教育孩子的过程中要多些耐心,多些赞赏,少些批评和抱怨。在充满温馨、鼓励的环境中培养孩子,更有利于孩子的成长。

小女孩为寻找哥哥跋山涉水、历尽辛苦,也让我的内心很震撼。这让我想起了那些丢失孩子的家庭,这些家庭中的父母为了找到丢失的孩子吃尽了辛苦,可他们却从不抱怨。

宝剑锋从磨砺出,梅花香自苦寒来。当我们在生活中遇到困难时不妨想想这个故事,想想故事中的小女孩儿。生活需要克服困难、坚定向前的勇气。

唐山市郑钰勋爸爸 郑忠良

小朋友,关于这个故事你有什么话要说,写到下面吧!

_____
_____
_____

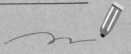

轻松一下 Game

猜字谜

根据下面文字的描述，选择正确的字写在括号里。

1. 小女孩儿。（　　）
2. 猪进门。（　　）
3. 两个夜晚。（　　）
4. 春秋各一半。（　　）
5. 一人在内。（　　）
6. 皇上的服装。（　　）
7. 第二个女儿。（　　）
8. 72个小时。（　　）
9. 一千零一夜。（　　）
10. 千里去一，百里去一。（　　）

肉　阂　晶　歼　秦　袭　伯　姿　多　妙

答案：1.妙 2.阂 3.多 4.秦 5.肉 6.袭 7.姿 8.晶 9.伯 10.白

坚强的小狮子

从前,有一头小狮子和妈妈在外出捕猎时走散了。见不到妈妈,小狮子心里很着急,他大声喊:"亲爱的妈妈,你到底在哪儿?你快出来好吗?拜托你不要离开我。"

尽管小狮子到处寻找,却始终没有发现妈妈的踪影,小狮子在寻找妈妈的路上遭遇了很多困难和挫折,可他却不愿放弃。

小狮子依旧在不停地寻找妈妈走过的路和妈妈留下的痕迹。当他感到饥饿时,就跑到大草原上学着妈妈的样子捕猎,当他感到劳累

时,就躺在草地上静静地休息。

一天,小狮子在寻找妈妈的路上遇到了狮子家族中的叔叔婶婶。"孩子,你到底在忙些什么?你到底要去哪里?"叔叔婶婶问。

小狮子回答说:"亲爱的叔叔婶婶,我不小心和妈妈走散了。我寻找妈妈已经很久了,却始终没有发现妈妈的踪影。我想,现在我必须要学会独立了,必须要学会独自一人在这世上生活了。"

"哦,我可怜的孩子,你还很小,你一个人在这世上生活简直太孤单了。要是你愿意,就和我们一起住吧。"叔叔婶婶说。

于是,小狮子就和他的叔叔婶婶一起回到了家族中,现在小狮子不再是独自一人面对这个世界了,他有了很多可爱的小伙伴,他们每天都会在一起快乐地玩耍。

一天,小狮子像往常一样和小伙伴们在草原上快乐地玩耍,一棵小树看到了他。

小树望着小狮子说:"可爱的小精灵,尽管你现在过得很快乐,可你终究会长大,会慢慢变老,要是你一直像现在这样贪玩下去,恐怕你的一生将会过得庸庸碌碌。难道这就是你想要的生活吗?难道你就不想成为狮王,在这辽阔的大草原上驰骋吗?我倒认为你是时候去学些本领了。"

"可爱的小树,我真高兴你能对我说这番话,感谢你点醒了我,我已经明白我该做些什么了。"小狮子说。

听完小树的话,小狮子再次想起

了妈妈,他暗暗地想:"要是妈妈看到我现在的样子,恐怕会不高兴的,我可不希望那样的事发生!恐怕只有我用心学习本领,妈妈才愿意回到我的身边。"

于是,小狮子每天很早就起来了,在草原上不停地练习着跑啊、跳啊等各项本领。

转眼几年过去了,小狮子学会了很多本领,渐渐地成长为一头十分威武的雄狮。

一天,他看到草原上有几头雄狮在比武争当狮王,小狮子暗暗地想:"不如我也去试一试,我想我并不会比他们差的。"

比赛过程中,小狮子凭着自己的智慧和勇气,战胜了其他雄狮,最终当上了狮王。

尽管小狮子现在已经是狮王了,可他依旧没有忘记自己的妈妈,他重新踏上了寻找妈妈的征途。

日子一天天过去了,他终于找到了自己的妈妈。见到妈妈,小狮子激动地说:"亲爱的妈妈,我终于找到你了,现在我已经当上狮王了。你听了一定很高兴吧,我们回家吧!"

从此,小狮子和他的妈妈一直幸福地生活在一起,再也没有分开过。

和爸爸、妈妈一起分享

小狮子在年幼的时候失去了妈妈,可是它并没有沮丧,也没有失去生活下去的信心。相反它积极地生活,一边寻找妈妈,一边不忘提升自己,甚至在最后当上了狮王。

小狮子勇于面对生活,它凭自己的勇气成为生活的强者。

暑假的时候,我们要上班,就只能把孩子独自留在家里。起初他是不愿意的,觉得很害怕、很担心。可是我们坚持让他尝试一下,渐渐地,他也习惯了独自一人在家,还学会了照顾自己,并且做得很好。

不仅如此,现在孩子更加喜欢有自己的私人空间。所以,生活中,我们可以逐渐培养孩子独立生活的能力,为他今后独立生活打下基础。

哈尔滨市陈润熙妈妈 李玉静

小朋友,关于这个故事你有什么话要说,写到下面吧!

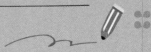

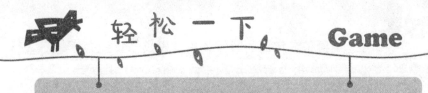

文学作品介绍

海底两万里

《海底两万里》是法国著名作家儒勒·凡尔纳的代表作。讲述的是"鹦鹉螺号"潜水艇的故事。1866年,当时海上发现了一只疑似独角鲸的大怪物。阿龙纳斯教授和他的仆人参与追捕,却不幸落水,正巧落到了怪兽的背上。阿龙纳斯教授吃惊地发现这只怪物并非独角兽,而是一艘构造奇妙的潜水艇,这艘潜水艇是尼摩船长秘密建造的。尼摩船长是一名不明国籍的神秘人,他邀请阿龙纳斯教授一起周游各大洋。他们从太平洋出发,经过很多海域,经历了很多险情,最终到达挪威海岸。到达终点后,阿龙纳斯不辞而别,回到了自己的家乡。《海底两万里》全书充满了勇敢和挑战,体现了他们的社会正义感和崇高的人道主义精神。

西游记

《西游记》是一部我国古典神魔小说,是我国四大名著之一。书中讲述的是唐朝法师西天取经的故事,成功地塑造了孙悟空、猪八戒等鲜明的艺术形象。《西游记》在艺术上的成就是巨大而辉煌的。它采用浪漫主义的写法,成功地描述了师徒四人西天取经的过程,他们战胜各种困难,降妖除魔,最后取经成功。全书想象力惊人,故事情节曲折生动,人物形象栩栩如生,语言诙谐幽默。《西游记》告诉人们要勇敢面对各种困难,要有战胜困难的决心和勇气。

你知道中国四大名著的另外三部分别是什么吗?请写在下面的横线上。

_____

_____

不莱梅的音乐家

从前,一个农夫养了一头驴子,这头驴子不辞劳苦地把一袋一袋的麦子背到磨坊里去磨。他为农夫工作好多年了,现在他已经很老了,力气渐渐用完了,越来越不能胜任工作了。

农夫暗暗地想:"这头驴子已经不能为我工作了,倒不如把他杀了,或许还能换些东西回来。"

于是,农夫悄悄地在一旁磨起了刀。

驴子看到农夫在磨刀,心中十分害怕。他心想:"真是没有想到,我的主人居然会这样对我。

他这样做简直太令我寒心了。尽管我已经很老了,可我还不想就这样去另一个世界。记得我年轻的时候,曾听说过一个名字叫作不莱梅镇的地方,或许我可以到那里做一个音乐家。"

想到这些,晚上,驴子便趁着夜色从家里跑了出去。

走了一段路,他发现路边躺着一条猎狗,看上去很疲劳的样子,不停地喘着气。

驴子上前问道:"喂,猎狗,你看起来很累,你为什么这样喘着粗气?"

猎狗说:"唉,因为我老了,力气不足了,再也不能跟随我的主人打猎了,所以主人要打死我,我赶紧逃了出来!"

驴子说:"这样吧,我准备到不莱梅镇去,我准备在那里当个音乐家,要不你和我一起去吧。"猎狗同意了,他们一起向前走去。

走了不远,他们看见一只猫蹲在路中央,一

副愁眉苦脸的样子。驴子上前问道:"喂,猫女士,你怎么了,怎么看上去如此烦恼?"

"唉,因为我老了,捉不住老鼠,我的主人便不想要我了,她要淹死我。尽管我已经逃出来了,却不知道该去哪里?"猫回答说。

驴子满是同情地看着猫说:"真可怜,要是你愿意,可以和我们一起到不莱梅镇去,到时候你就可以当音乐家了。"

猫说:"那样真是太好了,那就拜托你们带我一起走吧。"于是,驴子和猎狗还有猫继续向前走去。

后来,他们又遇到了一只大公鸡。公鸡正站在一扇门上,高声唱着歌。驴子说:"公鸡先生,你的歌声简直太动听了,可以告诉我们,你唱的是什么歌曲吗?"

"我唱的是'今天天气真是好极了,今天是洗衣日',可无论多美妙的声音,都不能给我带来好运了。我的女主人和厨师正准备把我

杀了,给星期天到来的客人吃呢。"公鸡悲哀地说。

"这是多么可怕的事呀,但愿不要发生。"驴子对公鸡的遭遇充满了同情,驴子继续说:"要是你愿意,可以和我们一起到不莱梅镇去,我想你一定可以成为一名出色的音乐家。"

"那样真是好极了。"公鸡回答。

于是他们四个结伴向不莱梅镇走去。然而,不莱梅镇并不是一天就能走到的。

晚上,大家来到了一座强盗住的房子前。他们当中驴子的个头最大,他走到窗户跟前悄悄地朝屋子里看去。

公鸡问:"驴子,你看见了什么?"

"我看见一张桌子上摆满了各种各样的好吃的。强盗们正高兴地坐在桌子的周围。"驴子回答道。

公鸡说:"但愿这是为我们准备的。"

驴子也说:"一定是的!只要我们能进到屋

子里去。"

这个难题可阻止不了他们,他们在一起商量了一会儿,最后想出一个好办法:猎狗爬到驴子的背上,猫骑到猎狗的脖子上,公鸡站在猫的头上,一齐大声地叫了起来。

强盗们听到叫声吓坏了,惊慌失措地往森林里逃去。

四个伙伴高兴地进屋大吃起来。吃饱之后,大家把灯熄灭了,依照各自的习惯找到了休息的地方:驴子躺在院子里的一堆草上;猎狗趴在门后的一个垫子上;猫蜷曲在炉子旁;公鸡栖息在房顶的屋梁上。大家真是太累了,不一会儿就都进入了梦乡。

再说那几个强盗,惊慌失措地逃了出来,他

们真是吓坏了。

强盗们过了很久才回过神来,其中一个强盗说:"我真好奇,刚才到底是什么东西发出的声音?我想我们应该回屋子里再去看看!"

"是啊,我们也不能就这样莫名其妙地跑出来啊,到底发生了什么事?瞧瞧,我们现在都成什么样子了,难道我们就要在树林里过一夜吗?"其他强盗也附和起来。

于是他们决定,先派一个胆子大的强盗回去看一下。

强盗回到屋子里,走进厨房,摸索着点燃了一根火柴。借着微弱的火光,他看见一双绿油油会发光的眼睛,他走上前

去，突然猫起身猛地向强盗的脸扑去，又是抓又是挠。

强盗吓得急忙往门外跑，可是又不小心踩到了猎狗的爪子，猎狗扑上来咬伤了他的大腿。强盗叫喊着逃到柴草边，又被驴子狠狠地踢了一脚。此时，公鸡也站在屋梁上拼命地叫了起来。

强盗连滚带爬地跑回树林，心惊肉跳地对强盗头目说："好恐怖啊，屋子里有几个妖怪！有个绿眼睛的妖怪用爪子抓我的脸；门后也藏着一个，他用的刀太锋利了，一下就刺伤了我的腿；院子里也藏着怪物，他有个粗粗的大棒子，打得我真是太疼了；更可恶的是房顶的那个家伙，发出刺耳、古怪的声音，好像是告诉那个拿棒子的妖怪，把棒子扔给他……总之你们看看我现在的样子！瞧瞧我的脸，还有我的腿。"

强盗们听后都吓得不敢出声，急忙逃离

了树林,远远地离开这个房子,从此再也没回来过。

这个房子彻底归驴子、猎狗、猫和公鸡了,他们一直在做他们的音乐家,直到现在。

虽然他们并没有去不莱梅镇,而是在这里定居下来,但是他们每天都生活得十分快乐。

和爸爸、妈妈一起分享

"驴子真是太有'老大'范儿了。"子炀说。

我摇摇手,不屑地告诉他:"你不懂,大哥不是那么容易当的。"

"爸爸,你知道怎么做吗?"子炀继续问。

"首先,你得霸气,能压得住气场,不然怎么带领其他人;其次你得公正,赏罚分明,不然怎么服众;最后你得聪明,会做生意,能发现商机,不然跟着你的人不都得饿死。"我告诉他。

子炀仔细想了一会儿,然后猛地点头,说:"爸爸,你说得太有道理了。不过爸爸,你为什么知道得这么清楚呢?你以前当过'老大'吗?"

我云淡风轻地说:"不要记得'哥',就当'哥'是一个传说!"

哈尔滨市张子炀爸爸 张云广

小朋友,关于这个故事你有什么话要说,写到下面吧!

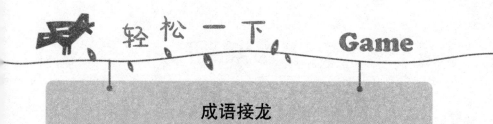

成语接龙

下面是一条成语接龙,请把缺少的字补出来。

贪	污	浪	费	尽	心		关	算	尽
		有	攸	归	心		箭	在	心
有									力
人		山	吃	山	穷		上		不
人					水		善		从
小		投							
佞		身			如		水		慌
奸		卖			人		到		意
藏		买			意		渠		乱
不		本					成		中
天			则	满	月	累	年		取
包									
		色	悦	颜		言	手	握	在	券

小马过河

从前,有一匹小马和他的妈妈生活在一起。马妈妈十分疼爱他,除了为主人运送粮食暂时离开外,几乎与小马形影不离。

时间一天天过去了,在马妈妈的精心照料下,小马渐渐地长大了。他体格强壮,看起来格外精神,所有人都坚信,要不了多久他就会成为一匹英俊的大马了。

小马望着自己粗壮的腿暗暗地想:"从前,妈妈总是接下所有的活,她要搬运那么多的粮食,一定累坏了。我已经长大了,也该懂得体谅妈妈的辛苦了。"

于是,他跑去对妈妈说:"亲爱的妈妈,我已经长大了,要是有什么事情,您就交给我去做吧,我想我完全有能力把事情做好。"

妈妈听完小马的话,高兴地说:"孩子,你能这样想,我真为你感到高兴。看你的身体的确结实了不少,我这儿刚好有半袋麦子需要运送到磨坊里,如果你愿意,就帮我做这件事儿吧。"

说完,马妈妈就把半袋麦子交给小马,并且叮嘱他,一定要准时把它送到磨坊那里。

"亲爱的妈妈,就请您放心吧,我一定能把事情做好。"小马说。说完,他便驮着麦子告别了妈妈。

走着走着,小马来到了一条小河边。

因为前两天刚刚下过一场大雨,河里的水一下子长高了许多。河面上既没有船,也没有桥。

望着河面,小马自言自语地说:"这河里的水简直太深了,我要怎样才能过去呢?"

就在小马不知道该怎么办的时候,他看到距离河面不远处有一头老牛正在低头吃草。

小马走上前对老牛说:"牛伯伯,您好,您看这条小河我能过去吗?"

"哦,原来你是在为如何过河感到为难呀,既然这样,就让我用身体为你测量一下好了。"老牛回答。

说着,他便把一条腿迈进了河里。不一会儿,他微笑着对小马说:"这条小河的水一点儿也不深,才刚没过我的小腿,我想你完全能够过去。"

小马听完老牛的话立刻跑到河边,想要从河面上趟过去,他的脚刚刚接触到河面,就被树上的一只小松鼠看见了。

小松鼠大声喊:"小马,请你等等,我有话要对你说!"

"哦,好的,那就拜托你快点儿说吧,我还要把麦子送到距离这里十分遥远的磨坊呢。"小马说。

"就在前几天,我的一个小伙伴在这条河水淹死了。你难道没有看到这河里的水很深吗?"小松鼠一想到伙伴的离开,便难过起来。

"哦,原来是这样,这真是一件令人难过的事情!"小马说。

听完小松鼠的话,小马犹豫起来,他暗暗地想:"或许我应该回家请教一下妈妈,我想她一定会有办法的。"于是,他匆匆忙忙地回了家。

到了家门口,小马望着妈妈说:"亲爱的妈妈,我在送麦子到磨坊的途中路过一条河。牛伯伯说'我一定能过得去',可小松鼠却说'他的小伙伴前几天刚刚被河水淹死了'。我心中不禁有些疑惑,我到底该相信谁的话呢?"

马妈妈亲切地说:"孩子,别着急,他们两个说得都有道理,却未必适合你。你看起来要比老牛小很多,却又比小松鼠大很多,只有亲自尝试过,你才能知道自己能否从河面上趟过去,不是吗?"

"亲爱的妈妈,我想我已经明白了。"小马说。

小马说完便走到河边,他很快便从河面上趟了过去,把麦子准时送到了磨坊。

后来,小马在运送粮食的途中还遇到很多事情,不过他再也不感到害怕了,因为他能够凭借着自己的智慧解决问题。

和爸爸、妈妈一起分享

我们总是容易人云亦云。从我小时候的成长中,总是听到:随大流吧,大多数人的选择总不会错。

但是,如果我的选择不同呢?年少的我,总是这样想,可惜我终究没有实践过"特立独行"。

有时我也会想,那些肆意张扬的青春和我的循规蹈矩的年少时光,会有怎样的不同?

我在教育我的孩子时,我告诉他,你必须遵守社会的法律和规则,接受道德规范的约束。除此之外的事情,你有全部的自由选择的权利。

孩子,真希望你的人生能够耀眼而无悔。

哈尔滨市刘子铭妈妈　高文君

小朋友,关于这个故事你有什么话要说,写到下面吧!

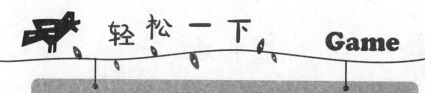

文字连连看

下面是很多组长得相似的字,请你把相同的两个字用线连起来。

讽	辐	快	祥	蝠
福	飒	决	幅	诙
群	详	幅	洋	枫
恢	样	袂	块	诀
辐	讽	快	洋	飒
决	祥	福	恢	枫
诙	蝠	详	袂	样

鹰和鸡

"今天的天气真是好极了,要是不出去散散步简直太可惜了。"一只母鸡自言自语地说。

于是,她昂着头、挺起胸脯,迈着大步走出了家门。走着走着,她似乎看到了什么,不禁惊奇地瞪大眼睛,停下了脚步。

原来,她看到不远处的草丛中躺着两枚很大的蛋,她暗暗地想:"这两枚蛋简直太大了,也不知道是哪位粗心的母亲丢下的。哎,这位母亲真是一点儿也不负责任,难道她就一点儿也不担心孩子的安危吗?大自然中的危险可是无处不在的呀!不过,我可不是那样的母亲,我绝不会丢掉我的孩子不管,我看还是把这两枚蛋带回去和我自己的蛋一起孵化好了。再没有什么事情会比新生命的诞生,更令一位母亲高兴的了。"

想到这,母鸡便把蛋带回了家。不过,她一定不会想到这两枚蛋绝不是普通的鸡蛋,它们其实是两枚鹰蛋。

回到家,母鸡把捡回来的蛋放在精心准备好的鸡窝里,每天坐在上面孵化,一步也不愿离开。

日子一天天过去了,终于有一天,两只小鹰和小鸡们几乎同时破壳而出了。

白天,两只小鹰和那些小鸡们一起散步,沐浴温暖的阳光;夜晚,两只小鹰和那些小鸡们一起入睡。

渐渐地,这两只小鹰越长越大,体型看起来和鸡没有一点儿相似的地方。不过,他们还不会狩猎,他们和小鸡一样每天用嘴啄食。

一天,两只小鹰像往常一样在地上觅食,一只老鹰从天空中飞过,小鸡们一溜烟儿地躲了起来,两只小鹰却不慌不忙地站在原地。

小鹰哥哥对小鹰弟弟说:"喂,伙计,你看到我们头顶上的那片蓝天了吗?它可是蔚蓝色的,看起来简直太美了,要是有一天,我们也能像老鹰那样飞到蓝天上该有多好。我多么希望那一天能早点儿到来。"

小鹰弟弟说:"你说得真是对极了,蓝天才是我们应该去的地方。"

就在他们讨论着该如何飞上蓝天的时候,那些躲藏起来的小鸡们出现了,他们讽刺地说:"你

们简直是在做梦,蓝天那么高,你们怎么可能飞得上去呢?要是从天上掉下来恐怕就会摔成肉酱的,我们可不敢有你们那样伟大的想法。"

小鹰弟弟听到小鸡们的话,不禁有些害怕了,他当了逃兵,急忙躲回到鸡群中。

小鹰哥哥却完全不认同小鸡们的话,他暗暗地想:"我的翅膀看起来和那只老鹰一样健壮,难道就只有他才能飞上蓝天,而我却不能?这绝不会是真的!要是我相信了小鸡们的话,因为害怕而永远退缩在窝里,那我就将失去成为一个雄鹰的可能性。所以,我不能放弃,即使有百分之一的机会,我也要尝试一下。"

于是,他离开了鸡群,来到充满危险的悬崖边,开始了飞行练习。

起初,小鹰根本无法飞上蓝天,即便飞起来了也不能一下子飞得很高。

小鹰一不小心便会摔得全身疼痛。尽管这样,小鹰却没有灰心,也不愿放弃,他暗暗地

想:"不经历风雨,又怎能见到那绚丽的彩虹?"

于是,他更加坚定了飞上蓝天的信念。在经过一次次飞行失败后,小鹰的翅膀变得更加有力了。

终于有一天,他一飞冲天,来到了那片向往已久的蔚蓝色的天空。从此,小鹰便像他所见到的那只老鹰那样,在蔚蓝色的天空中自由翱翔。

再看看另外一只小鹰吧,他依旧和那些小鸡们一起生活,像他们那样在地上用嘴啄食,尽管他体型长得很大,却永远丧失了飞行的能力,

失去了成为狩猎者的机会。

恐怕不会有人能想到他是从一枚鹰蛋破壳而出的,更不会有人相信他可以成为一只雄鹰。

和爸爸、妈妈一起分享

故事中的两只小鹰在出生时,本来没有什么差距,可后来一只小鹰勇敢面对自己,通过执着的努力为自己寻找到一片蓝天,另一只小鹰由于胆小而自暴自弃,最终放弃了自己的天分。

看到这两只小鹰的故事,我不禁想到了自己小时候的一些事儿。

在我还小的时候,我没有漂亮的衣服穿,也不会打扮,同学们总是在一旁嘲笑我。

我又是一个内向的人,渴望和同学交流,却不知道该说些什么,我感觉十分孤单。

不过我并没有自暴自弃,在成长过程中我渐渐地爱上了阅读,爱上了文学。文学让我充满了自信,让我心里不再孤单,一直到现在我也依旧会抽出一些时间来看看书、看看那些作家的趣事。

青岛市郑舒文妈妈　晴晴

小朋友,关于这个故事你有什么话要说,写到下面吧!

轻松一下 Game

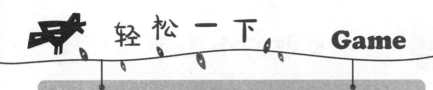

老鹰捉小鸡

小鸡怎样才能不被老鹰捉到呢？请你画出它能走的路线。

▼

鸡	鹰	鸡	鹰	鹰	鸡	鹰	鹰	鸡	鸡
鸡	鹰	鸡	鹰	鸡	鹰	鹰	鹰	鹰	鹰
鸡	鹰	鸡	鹰	鹰	鸡	鹰	鸡	鸡	鹰
鸡	鸡	鸡	鹰	鹰	鹰	鸡	鹰	鹰	鹰
鹰	鹰	鸡	鸡	鸡	鸡	鹰	鹰	鸡	鹰
鸡	鹰	鹰	鸡	鹰	鸡	鹰	鸡	鹰	鸡
鹰	鸡	鸡	鹰	鹰	鸡	鸡	鸡	鹰	鸡
鹰	鹰	鹰	鸡	鹰	鹰	鸡	鹰	鹰	鸡
鸡	鹰	鹰	鸡	鸡	鹰	鹰	鸡	鹰	鹰
鹰	鸡	鹰	鹰	鸡	鹰	鹰	鸡	鹰	鸡

▼

勇敢的小山羊

在森林里住着一只小山羊,这只小山羊穿着一件洁白的皮袄,长着一对漂亮的角。

他的四条腿很长,十分适合奔跑。可他却生来胆小,尽管他已经长大了,却因为害怕而不愿出门,不愿见到森林中的其他小动物。

山羊妈妈把一切看在眼里,她担心地对小山羊说:"亲爱的孩子,你不能一直这样逃避,你必须让自己变得勇敢,学会面对森林里发生的一切。如果你做不到这些,恐怕你以后就无法在森林里立足了,那是多么可悲的事呀！"

"亲爱的妈妈，您说得对极了，我听说最近山羊老师正在对其他小山羊进行培训。那些经过培训的小山羊，已经能够一连跳过七道深渊了。我多么希望我能够像他们那样勇敢。我真应该去山羊老师那里学习，或许我也可以通过训练让自己变得勇敢。要是那样，妈妈您就不需要为我的未来担心了。"小山羊若有所思地说。

"亲爱的孩子，我真高兴你能这样想，那你就快去报名吧。"山羊妈妈说。

山羊妈妈虽然这么说，心里却暗暗地想："我亲爱的孩子，你的胆子那么小，你真能够做到从深渊上一跃而起吗？我真是有些担心。"

于是，山羊妈妈每天都会带着小山羊一起来到训练场，然后站在一旁，默默地关注着她的孩子。

"孩子们，你们一定十分清楚这森林里到底

暗藏着哪些危险吧?如果我们被敌人追赶时跑得慢了,恐怕就会成为敌人口中的美味了。这是多么可怕的事呀!为了让你们跑得快点,赶在敌人到来之前迅速地跑掉,现在我就要训练你们跳深渊了。孩子们,你们准备好了吗?请你们屏住呼吸,眼睛目视前方,四脚腾空,身体微微前倾。一、二、三,跳!"山羊老师说。

听到山羊老师的话,小山羊们纷纷做好了跳深渊的准备。可那只胆小的小山羊却害怕地站在了一边,不愿向前多走一步。

"孩子,你怎么了?你看起来一点儿也不在状态呀!"山羊老师问。

"山羊老师,我心里害怕,我不敢多看那深

渊一眼。"小山羊说。

"孩子,我年轻的时候也曾害怕过,可我不还是挺过来了吗?我想你也一定能挺过来的。孩子,要是你愿意咬咬牙、跺跺脚,一切都会过去的,难道你就一点儿也不相信你自己的能力吗?"山羊老师说。

尽管山羊老师对小山羊做了很久的思想工作,可那只胆小的小山羊还是害怕地躲了起来。

时间一天一天过去了,其他的小山羊已经能够一连跳过六道深渊了,可那只胆小的小山羊却依旧站在原地,没有取得丝毫进步。

山羊妈妈看到小山羊这副样子,真是又伤心又着急,终于失望地离开了训练场。

小山羊见妈妈走了,心中的害怕不禁又多了几分。他跑到一棵树下躲了起来,盼望着妈妈能够早点儿回来。

"亲爱的妈妈,您到底什么时候才能回到我的身边?难道您真的想要离开我吗?"小山羊小

声说着。

他躲在树下,来回转圈,焦急地等待着妈妈回来。

忽然,一个庞然大物从一旁窜了出来,他张大了嘴巴,发出震天的怒吼,抬起爪子就向小山羊扑来。

小山羊听到声音,惊奇地瞪大了双眼,这时他发现那个庞然大物竟然是一只老虎。

小山羊暗暗地想:"哦,天哪,我竟然遇到了老虎,要是我跑得慢了,恐怕就会成为老虎的晚餐了。我绝不希望发生那样的事,亲爱的妈妈,您给了我生命,让我看到这样美丽的世界,要是我就这样离开您,那我简直就是一个混蛋。"

想到这里,小山羊再也不害怕了,他飞快地跑了起来。

只见小山羊屏住呼吸,四脚腾空,从地面上一跃而起,还不到一顿饭的工夫,小山羊便跳出了山谷!

老虎惊讶于小山羊的速度,可又不愿意放弃美味,他暗暗地想:"羊肉可是这世界上难得的美味,我真是没想到小山羊竟会跑得这么快,为了追上他,我必须跑得再快点儿了。"

于是,老虎也从山谷中跳了出去。

小山羊看到老虎离自己更近一步了,他没有丝毫害怕,也没有放松。他只是加快了脚步,跑得似乎比火箭还快,一下子就跳过了六道深渊。

现在,在小山羊面前,只剩下第七道深渊了。这第七道深渊看起来十分危险,其他也跳过六道深渊的小山羊们,纷纷在第七道深渊面前停下了脚步。

这时,这只胆小的小山羊像一支箭一样毫

不犹豫地从上面跳了过去。

担心孩子安危的山羊妈妈回到山谷里,正巧看到眼前的一幕,她激动地说:"我的孩子,你终于成为一位勇士了,我再也不用为你的未来担心了,你太棒了!"

"看来,是这只老虎激活了你心底暗藏的勇气,你的表现真是令人惊奇,你终于成了我们羊族的勇士,我为你感到高兴。"山羊老师说。

其他的小山羊也都为这只跳过第七道深渊的小山羊感到骄傲,他们激动地呐喊着。那只老虎只追到了第五道深渊,便停住了脚步,他与美味失之交臂了。

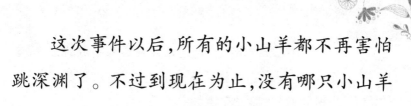

这次事件以后,所有的小山羊都不再害怕跳深渊了。不过到现在为止,没有哪只小山羊会比那只胆小的小山羊跳得更好。

山羊妈妈对小山羊说:"孩子,我为你感到骄傲,你终于战胜了自己内心的恐惧,成为一只勇敢的小山羊。未来的路还有很长,还有很远,我终于不再需要为你担心了!"

和爸爸、妈妈一起分享

　　小山羊原本胆小，无论如何开导都不敢跳过深渊，但是当它遇到了可怕的老虎，竟然激起了心里的勇气，跳过了深渊。

　　我儿子胆子可不小，相反他胆子太大了，什么都敢试，有时候真担心这样冒失会发生意外。

　　不过就像故事里说的，恐惧可以激起勇气，恐惧当然也能帮助冒失鬼认识到问题的严重性。

　　我领着他到科技馆里的疼痛体验机体验了一把，才到第三级他就受不了了，我告诉他骨折可比这疼多了。

　　经过这件事，他一下子老实了不少，做事情也更加小心仔细了。各位家长，有时间你们也可以带孩子去体验一下。

青岛市邹志豪爸爸　　邹世山

小朋友，关于这个故事你有什么话要说，写到下面吧！

轻松一下　　**Game**

文字来找茬

在下面的图中，很多都是"木"字，其中有一个是"本"字，请你找出来。

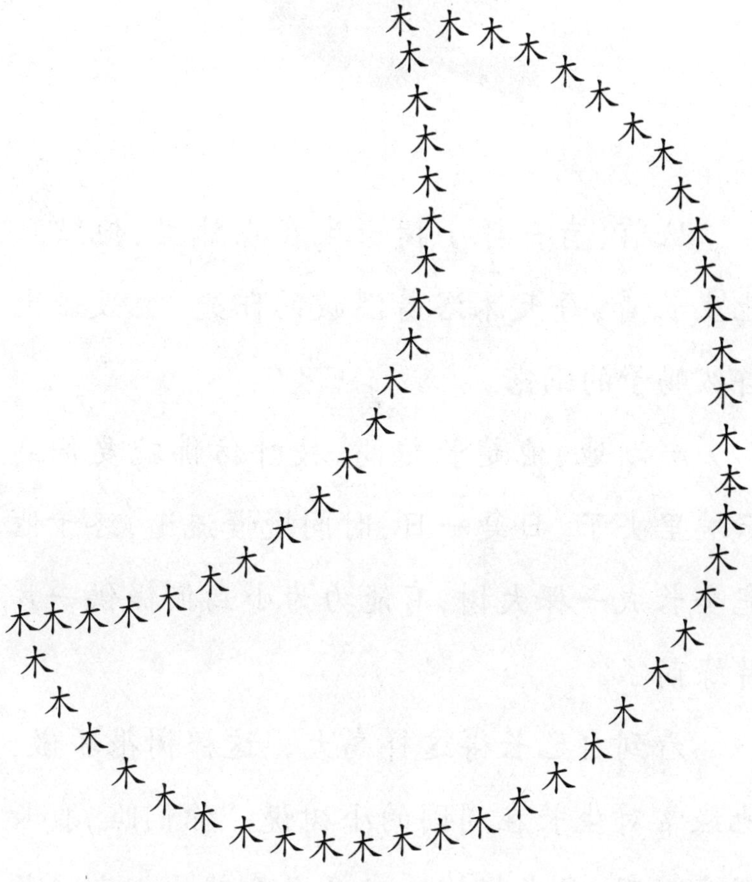

啄木鸟与树

从前,有一棵小树出生在森林里,他默默地生长着,每天沐浴着温暖的阳光,吮吸着大自然赐予的雨露。

渐渐地,他越长越高,枝叶仿佛就要伸到云端里去了。日复一日,时间慢慢流逝,终于他完全长成一棵大树,有能力为小鸟们提供一片片绿荫了。

看到自己长得这样高大,这棵树很骄傲,他经常对生长在周围的小树说:"你们瞧,我长得多么高,多么挺拔。我多么希望你们也能长得像我一样。"

一天,从远处飞来一只啄木鸟,他勤快地为每棵树检查身体。当他来到这棵骄傲的树身边时,听到树干里有许多小虫子在开会。

啄木鸟暗暗地想:"尽管这棵树看起来很高大、挺拔,可是他的身体里却长满了虫子,要是我不把虫子取出来,恐怕他就要失去年轻的生命了。要是这棵树就这样倒下,简直太可惜了!"

于是,他便在树干上啄了起来。啄木鸟刚啄了两下,大树便不高兴了,他大声喊道:"你这只令人讨厌的鸟,到底在做什么?你把我的身体弄疼了,拜托你快

点儿停下来。"

啄木鸟不慌不忙地说:"大树兄弟,你的身体里长满了虫子。我刚刚听到,他们在你的身体里开会。要是我不把虫子从你的身体里取出来,你的枝叶就会慢慢变黄,你的身体就会被虫子咬出很多洞,恐怕到时候你就要倒下了。"

听了啄木鸟的话,大树生气地说:"你这只令人讨厌的鸟,简直是在胡言乱语。难道你看不出我的身体很健康吗?我怎么会长满虫子?我真是不明白,你到底想要从我的身体里得到什么?我看你还是快点儿离开我吧。"

看来,一向骄傲的大树,根本没有把啄木鸟的话放在心上。啄木鸟看到大树不相信他的话,只好无奈地飞走了。从此,他再也没有来看望过这棵大树。

日子一天天过去了。一天,天空中刮起了很大的风,一片片树叶随风飘落。小熊刚好从树下经过,树叶落到了他的头上。

小熊自言自语地说:"不知道什么东西落到了我的头上,真是奇怪!"

他抬起头,想要看看他的头顶上有什么东西。这一看,他不禁吓了一跳。原来,小熊看到头顶上大树的叶子已经变黄了,树叶上面到处是被虫子咬的洞。

望着大树,小熊吃惊地问:"大树,你怎么了,你是不是生病了?"

大树忍着疼痛说:"哎,这一切恐怕只能怪我自己了。很久以前,啄木鸟医生看出我的身体里长满了虫子,可我那时太骄傲了,完全不把他的话放在心上,还对他说了一些十分难听的话。听到我的话,他只好无奈地飞走了,后来他再也没有来看望过我。要是我没有把啄木鸟医生从我身

边赶走,恐怕我的身体就不会变成这样了。尽管我现在很后悔,可已经晚了。"

后来,大树的身体更加衰弱了,他看起来一天比一天憔悴。

不久后的一个夜晚,天空中刮起了狂风,风呼呼地刮着,狠狠地拍打着大树的身体。

大树不禁在狂风中颤抖起来,他已经没有力气了。渐渐地,他再也支撑不住了,在最后一阵狂风中,他被刮倒了。

和爸爸、妈妈一起分享

大树没有勇气承认自己的不足，最终这些不足让它倒下了。可见，有时候缺点会带来很严重的后果。

"千里之堤，溃于蚁穴"，就是说任由一个问题无限发展，却不改进，就会引起致命的问题。

有些时候，我们并不愿意承认自己的缺点，我们选择隐瞒或逃避，但是这并不是解决问题的办法。只有直面缺点，尽量克服缺点，才是解决问题的办法。

缺点就像木桶中最短的那根木条。如果不加高最短木条的长度，木桶就不能装更多的水。如果任由短木条被腐蚀，木桶甚至会成为一只漏桶，再也不能装水。

人生也同样是这个道理。

重庆市王浚西爸爸 王朝龙

小朋友，关于这个故事你有什么话要说，写到下面吧！

_____

_____

_____

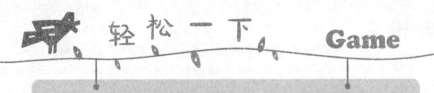

探险游戏

齐齐是个勇敢的男孩儿,他特别喜欢冒险,今天齐齐要穿越艰难险阻去宫殿。

同学们,在下面的探险中,你知道齐齐是怎样避开怪兽和鳄鱼的吗?请你画出齐齐走的线路图。

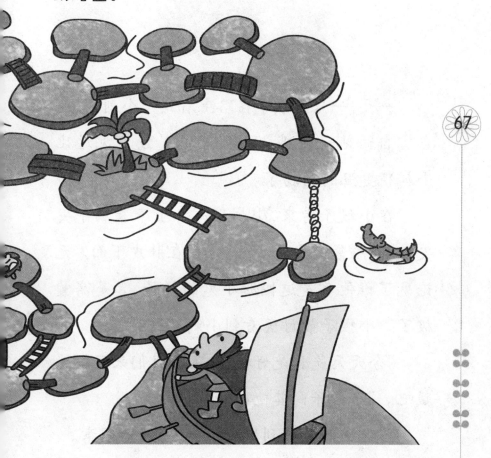

勇敢的小刺猬

一天,一只小猴子在路上看到了小刺猬,他自言自语地说:"哦,天哪,我真是没有见过比小刺猬更丑的动物了。"

在小猴子看来,小刺猬浑身上下长满了尖尖的刺,脑袋又尖又小,总是藏在肚皮下面。无论见了谁他都是这幅胆小鬼的样子,真是窝囊极了。小猴子最讨厌看到小刺猬这种样子。

"今天天气真是好极了,不如我们来玩捉迷藏吧。"小猴子向其他小动物提议。

其他小动物听到提议后,纷纷表示同意。

小刺猬听到后,询问着说:"真是有趣,我多么希望也能参加,小猴子,请问我可以参加吗?"

"我想这个游戏并不适合你,你还是到别处去玩吧。"小猴子直接拒绝了他。

"你都没有看到小刺猬在玩捉迷藏时的表现,怎么会知道他是否适合呢?你这样对待小刺猬真是太不公平了!"小松鼠说。

"看他的样子,拖着个沉重的刺猬壳,一定是跑不快的!一会儿我找大家的时候,他一定是一下子就会被我找到,实在是太没意思了!所以,我看他还是别参加了。"小猴子回答。

"小刺猬可是我们的好伙伴,难道你就是这样对待你身

边的伙伴的吗？"小白兔不禁有些生气地说。

可是，尽管小松鼠、小白兔都希望小刺猬能够参加游戏，并且极力劝说小猴子，小猴子依然十分坚定地拒绝了小刺猬的请求。

小刺猬十分无奈，只好默默地走到了一边。

小猴子、小松鼠、小白兔、小鹿很快就玩起了捉迷藏。小白兔撒腿就跑，一下子就钻进了草丛里。

"真是吓死我了，你们快来看吧，蛇来了，蛇来了！"没过多久，小白兔就尖叫了起来。

听到小白兔的呼喊声，小伙伴们都跑了过来。他们看到一条长长的、绿底有紫色花纹的毒蛇，所有动物都被它吓坏了。

"快跑！"小猴子大喊一声，率先跑开了。紧接着小白兔、小松鼠和小鹿也慌张地迈开腿，跑得远远的。

只有小刺猬一动不动，小刺猬并不是被吓得愣住了，正相反虽然他也看到了蛇，不过他

一点儿也不紧张、害怕。

　　小刺猬迅速地走上前,咬住了蛇的尾巴,然后卷起身子,把脑袋藏到了肚皮底下。

　　"你的胆子太大了,竟敢招惹我,现在我就让你看看我到底有多厉害!"被咬到尾巴的蛇生气地大喊。

　　于是,他昂起头,张开大嘴,准备一口把小刺猬吞到肚子里。可小刺猬就好像什么也没看到一样,依旧紧紧地咬着蛇的尾巴一点儿也不放松。

或许因为小刺猬的身体太坚硬了，蛇最终也没能把小刺猬一口吞下去。不过蛇并没有放弃，他蜷缩起身子，缩成一团，想要把小刺猬勒死。

蛇似乎又打错了算盘。小刺猬看到他的样子立刻把身子缩成了一个肉球，只是这个肉球浑身上下长满了尖尖的刺。此刻这些刺儿已经完全竖了起来，根根锋利无比。

一瞬间，蛇就好似被猎枪扫射了一般，身上多了无数个洞。他多想爬起来，可是力气渐渐被耗尽了，血也要流干了，他再也爬不起来了。

"刚才那一幕真是惊险，我们几乎要被吓死了，可你却不慌不忙，你是多么勇敢的小动物呀，真希望我们能够成为朋友。"

你瞧，那些逃跑的小动物们一个一个地从远处赶了回来，他们纷纷夸奖小刺猬。

不过，最令小刺猬感到意外的却是小猴子，

他羞愧地低下了头,说:"小刺猬,拜托你不要怪我,从前我真不应该那样对你,不应该那样对待我的朋友,现在我已经认识到自己的错误了。"

勇敢的小刺猬当然宽宏大量地原谅了小猴子,之后他们一起玩起了游戏。

和爸爸、妈妈一起分享

"小刺猬勇斗毒蛇,是不是因为他跑不快呀?"听完故事,小睿问我。

　　我告诉他:"既使小刺猬跑不快,但是它依然有自保的能力呀!不要忘记,小刺猬有着带尖刺的后背,遇到危险时一缩,敌人对它就无可奈何啦!"

　　"对哦,所以小刺猬勇斗蛇是因为它真的很勇敢!"翔睿说。

　　"说的没错,真是个聪明的孩子。"

　　　　　　　齐齐哈尔市燕翔睿妈妈　　李云霞

小朋友,关于这个故事你有什么话要说,写到下面吧!

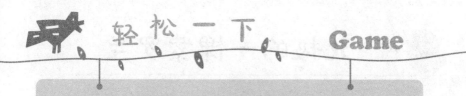

成语游戏

在下面的空格里面填上适当的字,看看这些字可以重新组成什么成语。

	过	其	实
	其	自	然
	日	程	功
	容	不	迫

	过	平	坐
	人	后	尘
	云	直	上
	淡	风	轻

	力	而	行
	木	三	分
	虎	作	伥
	将	入	相

	应	俱	全
	步	为	营
	峰	造	极
	从	人	愿

北极的一棵紫罗兰

在冰雪覆盖的北极,一天清晨,一只小白熊在空气中闻到了一种异乎寻常的香味。

循着香味,他发现了一朵紫色的小花,正站在冰封的荒野中瑟瑟发抖,但它仍顽强地散发着芳香!于是,小白熊就把这件事儿告诉了熊妈妈。

"爸爸妈妈快出来!"小白熊喊起来,"好像是探险队带来了什么东西?"小白熊把这朵小花指给家人们看。

"我觉得它应该不是什么特别的东西。依

我看,这应该不是一条鱼。"小白熊说道。

"当然不是了,"熊妈妈说,"但起码也不是一只鸟吧。"

"你说得也有道理。"熊爸爸想了一会儿说。

在外面玩耍的小熊们,也闻到了这种奇异的香味,循着香味,他们找到了香味的来源。小熊们围着这朵小花议论起来:

"这到底是什么?瞧,他正冷得发抖呢。"

"但他仍然顽强地向外散发香味!"

"发出香味,这好像是它的责任。"

……

天黑之前,这个消息传遍了北极:一个小小的、奇妙而异香满身的东西,全身发紫,独自在冰封的荒野之中单腿而立,总是在一个地方,从不随便走动。

海象和海豹跑来了,麝牛和鹿分别从北美洲和西伯利亚赶来了,白狐狸、狼和海鸥也来了。他们都来欣赏这朵奇妙的紫色小花,感受

它散发的芬芳。

一只曾去过南方的海鸥告诉大家:"这个小东西叫紫罗兰,在南方的那个国度里多得数不清。"

"这些我们原来就知道,"海豹说,"可为什么单单就是这棵紫罗兰在寒冷的北极活着,它又是如何来到这个地方的?说句实话,我总觉得有些疑惑。"

"他说觉得有些什么?"小白熊问海豹。

"有些疑惑,也就是说不知道是怎么一回事。"海豹耐心地解释说。

"对呀，我也是这么想的。"小白熊赞同地说。

大家又开始议论起来，可这棵紫罗兰究竟是怎么来到这儿的，却谁也不知道。

大伙儿都围着它，闻着它发出的香气。香味始终没有减少，来得晚的也像来得早的一样，都能饱饱地享受它浓郁的芬芳。

那天夜里，整个北极的冰层都发出了"咯吱咯吱"的响声。霎时间，一望无际的冰仿佛断裂成了许多块。

紫罗兰不停地散发着清香，好像要把这无边无际的冰层完全融化，使这儿成为蓝色的海洋或者绿色的草原。紫罗兰用尽了它全身的力量。

天亮了，大家惊讶地发现，紫罗兰已经枯萎了，失去了颜色和生命。大家都为它感到难过，可神奇的是，大家还可以闻得到它的芳香。

"紫罗兰的香气真多啊，"一只海豹说，"在冰层下面一定有个储藏室。"

"是的,下面一定有什么东西。"白熊感叹地说。

"我想一定有的!"熊妈妈感叹道。

大家你一言我一语地说着:

"我们还是尽量保留这份香气吧,它可是我从没见过的花,散发着我从没闻过的气味!"

"这可是第一棵来到北极的花!它太伟大了!"

"虽然它是第一棵来到北极的花,你们瞧它仿佛在说'总有一天会有千千万万棵紫罗兰来到这里的。那时候冰层就会融化,这里将会有岛屿、房屋和许许多多可爱的孩子们。'"

和爸爸、妈妈一起分享

"紫罗兰不是生长在南方吗?它又怎么能忍受得了北极的寒冷呢?"玥玥问我。

"我们可以把它当作一个奇迹,当然也可以当作一个只会出现在童话里的美丽的梦。"我回答她。

"小熊真幸福,他能看到开放在北极的紫罗兰。我现在就好想看到梅花,它也很清香、美丽!"玥玥继续说。

"呃……现在是夏天,还看不到。不过你比小白熊幸运多了,因为到了冬天,你就能看到喜爱的梅花了,可是小白熊一生也许只能见到这一次紫罗兰了!"我告诉她。

玥玥想了一会儿,点点头,开心地说:"那我冬天一定要好好看看梅花,因为从夏天我就开始想念它了。"

天津市任玥妈妈　张立坤

小朋友,关于这个故事你有什么话要说,写到下面吧!

_____

_____

_____

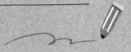

轻松一下 Game

填成语

把下面的字重新组合,组成六个成语,填在横线上。

1. 深替名明痛易奇赏顾怪人天平谈思近道分恶论行绝义罚

平 _____   深 _____   奇 _____

赏 _____   替 _____   顾 _____

2. 成同腾共石美巧云有海日合烂志之花睹语人雾驾枯言道

有 _____   腾 _____   花 _____

海 _____   成 _____   志 _____

答案:1. 平易近人、深思熟虑、奇谈怪论、赏罚分明、替天行道、名副其实。2. 有目共睹、腾云驾雾、花言巧语、海枯石烂、成人之美、志同道合。

长鼻子王子

在一个遥远的国度里,国王和王后迎来了他们的第一个孩子,是一个男孩儿。

王子的长相十分符合人们的期待,他有着金色的头发、水蓝色的眼睛,唯独与众不同的是:他有一个长长的鼻子,这让原本帅气的面容变得无比怪异。

国王和王后当然也注意到王子那奇怪的长鼻子,可是他们太爱王子了,所以看不到王子的缺点,他们总是说:"看我的儿子多么英俊,看他的五官多么完美,再也找不出比他更完美的人了。"

不仅如此,国王和王后也不允许其他人说王子的鼻子,只要有人提到,国王就会把那个人关进监狱。

王国的臣民们由于不敢得罪国王,于是在看到小王子的面容时,都说着违心的话。

他们会说:"我们的小王子真是英俊啊!他的五官长得恰到好处。我们觉得他以后一定能成为一名伟大的国王!"

王子在国王与王后的呵护下渐渐长大了。一次巧合,他在森林中遇到了邻国一位美丽的公主。

王子对美丽的公主一见钟情,公主也对王子芳心暗许。不久,两人举行了结婚典礼。

在典礼现场,一位巫婆突然出现了,她抢走了公主。王子很伤心,发誓说:"我一定要找回我的妻子。"

国王和王后也十分气愤,他们决定派士兵

去寻找公主,王子却拒绝了国王和王后的好意。

王子说:"我要依靠自己的力量找回妻子,这样才是一个勇士的做法。"

国王与王后只能目送王子独自一人骑着白马离开。王子在寻找妻子时路过了一个山洞。山洞里住着一位小仙女,她看见王子的长鼻子,哈哈大笑说:"你的鼻子实在太滑稽了,它怎么可以长得这么长?你真是我见到过的最丑陋的人了。"

王子听到小仙女的话,十分生气,他恼怒

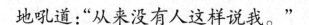

地吼道:"从来没有人这样说我。"

说完,王子便转身,气鼓鼓地离开了。

王子跋山涉水,终于来到一座水晶宫前,他看见美丽的妻子现在就被关在水晶宫里面。

王子快步跑到水晶宫前,他想要救出公主,却找不到突破口。整座水晶宫仅有一个能让公主把手伸出来的小洞。

王子试着打碎水晶宫,可是无论他用剑劈,还是用斧子砍,水晶宫都纹丝不动。

王子心中无比焦急,他用脚狠狠地踢打着水晶宫。这时,公主伸出白皙的手,她握住王子的手,微笑着鼓励王子说:"不要着急,慢慢来,总会想到办法的。"

王子听到妻子的鼓励,心情愉悦了很多,他想要吻一下公主的手,却发现有长鼻子阻挡,他根本碰不到公主的手。

王子彻底愤怒了,他大声说:"我的鼻子真是太长了。"

神奇的事情发生了,就像听到了咒语一样,王子刚说完话,禁锢着公主的水晶宫就立刻碎裂成一片片,纷纷扬扬地散落到地上。

公主得救了,她优雅地从水晶宫的碎片中走出来,来到王子面前,紧紧拥抱王子,说:"谢谢你,亲爱的王子,是你拯救了我,我现在实在太开心了。"

王子被眼前的一切惊呆了,他愣了一会儿,才高兴地说:"太好了,我亲爱的妻子,你得救了。可是有一点我很好奇,水晶宫为什么会自己碎裂呢?"

王子刚提出疑问,之前山洞中的小仙女便出现在他面前。小仙女笑着对王子说:"你终于认识到自己的缺点了,那困难自然就自动消失了!"

听到小仙女的话,王子明白了,原来是因为他一直认识不到自己长鼻子的缺点,所以小仙女安排了这场考验。

王子很庆幸及时认识到了缺点。他伸手摸了摸自己的长鼻子，却惊奇地发现自己的鼻子变得和正常人一样了！

王子谢过小仙女，带着妻子回到王国，从此两人过上了幸福的生活。

和爸爸、妈妈一起分享

"小仙女的考验好难哦!"读过故事后,明书托着脑袋,认真地说。

我问她:"为什么认为考验很难呢?"

她告诉我:"因为人总是很难认识到自己的缺点呀,就比如:我告诉好朋友糖糖,她的缺点就是太爱臭美了。可是她却不听,还很生气,要和我绝交!"

我告诉她:"认识、克服缺点是需要勇气的,这份勇气并不是谁都有的。"

生活中也是如此,并不是所有人都敢于直面自己的缺点,有些人选择逃避,有些人选择忽视。我希望我的孩子能像故事中的王子一样,是一个生活中的勇士。

哈尔滨市李明书妈妈　万杰

小朋友,关于这个故事你有什么话要说,写到下面吧!

_____

_____

_____

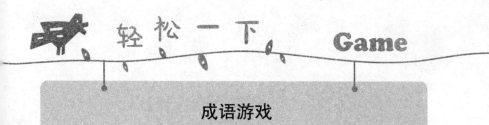

成语游戏

在空格里面填上适当的字,将下面的成语补充完整。

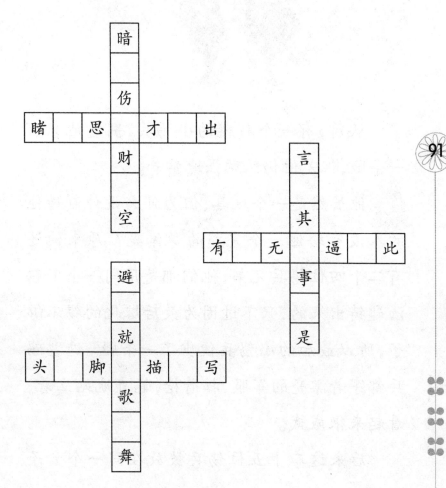

坚定的小锡兵

从前,有一个独腿的小锡兵,别看他只有一条腿,但是他仍然顽强地站着。

他虽然是一个玩具,但为什么设计制造他的人没有给他一个完整的身体呢?原来他还有二十四位锡兵兄弟,他们都是用同一个旧锡汤匙铸出来的,只不过因为最后熔化的锡不够了,所以最后的小锡兵便少了一条腿。这些锡兵都穿着漂亮的军服,扛着枪,笔直地站立着,看起来很威武。

后来这二十五位锡兵被放在同一个盒子

里，当作生日礼物送给了一个小男孩儿。小男孩儿很喜欢他们，把他们一个个摆在桌子上。

小锡兵虽然只有一条腿，但是却十分醒目。他仔细观察周围的环境，发现桌子上摆满了玩具，最吸引他的便是在离他不远的地方，有一座美丽的纸做的城堡，城堡门口有一位非常漂亮的芭蕾舞小姐，她也是纸做的：金色的头发，苗条的身材，穿着美丽的衣裙翩翩起舞。

小锡兵深情地凝望着这位芭蕾舞小姐，不禁对她暗生情愫。他很幸运，后来小男孩把他和这位芭蕾舞小姐摆放在了一起。小锡兵守护着芭蕾舞小姐，他的眼睛从未离开过她。

到了晚上，小男孩儿睡着了，玩具们在一块尽情地唱歌、跳舞、追逐玩耍。小锡兵和芭蕾舞小姐也愉快地交谈着，气氛非常和谐。

时钟刚刚过了十二点，小锡兵听到一个恶狠狠的怪声音，随即看到一股浓浓的黑烟，原来是黑魔鬼来了。

"你这个独腿的小锡兵,不要妄想得到不属于你的东西,要知道芭蕾舞小姐是我的新娘。"黑魔鬼厉声说道。

"我不是!"芭蕾舞小姐大声喊着。

于是,小锡兵因为芭蕾舞小姐,和黑魔鬼打起来了。黑魔鬼很喜欢芭蕾舞小姐,为了阻止小锡兵和芭蕾舞小姐做朋友,他吹了一阵狂风,把小锡兵刮到了窗外地上的石头缝儿里。

"快看,一个独腿的锡兵!"两个男孩儿从石头缝儿里救出了小锡兵。

"小锡兵好可怜呀!"其中一个男孩儿同情

地说。于是，两个男孩儿折了一艘纸船让小锡兵去航行。

他们把纸船放进水沟里，纸船顺着水沟航行，两个男孩儿还拍手称赞，喊着加油。结果由于水流湍急，纸船左摇右晃，转得越来越快，小锡兵也晕头转向了，不过他依旧保持镇定，挺直身子，扛着他的枪。

小锡兵想："我要勇敢、坚强，我还要回去继续保护芭蕾舞小姐。"可是不幸的是，途经一段黑洞洞的阴沟时，小锡兵遇到了大老鼠，大老鼠用尖牙把承载小锡兵的纸船咬成了碎屑，这样小锡兵就掉进了阴沟里，他又随着水流来到了大运河。

但是，好运依旧没有降临到他头上，他又被一条大鱼吞进了肚子里。这里面和阴沟一样黑极了，然而锡兵依旧扛着枪，安静地躺在鱼肚子里，他不知道该做什么，但是他心中依旧燃烧着希望，他仍然坚定地要回到芭蕾舞小姐身边守护她。

突然他感到鱼腹里晃动得厉害,似乎鱼正在拼命地挣扎,可是没过一会儿,一切又变得安静了,这是怎么回事?

或许是他的诚心感动了上帝,这条大鱼被小男孩儿和他的爸爸钓上了岸。当大鱼被一把大刀剖开时,小男孩儿发现了在鱼腹中的小锡兵,"哦,这太不可思议,太神奇了。"小男孩大声呼叫着。

小锡兵经历了种种磨难终于得救了,桌子上的玩具都崇拜地看着他,认为他是一位了不起的勇士。但在小锡兵看来,能够重新回到芭蕾舞小姐身边守护她,就是世界上最幸福的事情。

能与芭蕾舞小姐彼此对望着,小锡兵感到很满足,但是那个可恶的黑魔鬼却不让小锡兵的愿望实现,他嫉妒的怒火几乎要把小锡兵烧掉。

于是黑魔鬼指使一个小孩儿把小锡兵扔进了火炉,熊熊的大火炙烤着他,火越烧越旺,小锡兵依旧扛着枪,保持镇定,眼睛都没有眨一下。他的眼睛始终望着芭蕾舞小姐,眼睛里饱含着不舍和思念,或许是想在最后的时候多看她几眼,而芭蕾舞小姐也同样注视着小锡兵……

　　就在这时,房门打开了,一阵风吹了进来,芭蕾舞小姐随着风轻飘飘地飞到了火炉里,飞到了小锡兵身边,他们紧紧地拥抱在一起,而且永远地在一起了,没有人能够把他们分开。

　　炉火越烧越旺,但这似乎不是一般的火,而是猛烈的爱情之火。很快,小锡兵和芭蕾舞小姐熔化了!他们结成了一块心形的锡块,永远也不会分离了!

　　这就是小锡兵的故事。他的坚定执着让我们感动。他是幸福的,因为他的愿望实现了。

和爸爸、妈妈一起分享

读了《坚定的小锡兵》这个故事后,我问女儿:"你觉得小锡兵是一个什么样的人?"

女儿回答说:"我为他的不幸感到难过,我觉得他很勇敢。不过……"

女儿欲言又止,我追问:"不过什么?"

女儿继续回答:"不过我觉得他有点傻。嘿嘿,妈妈你怎么看呢?"

我笑了笑,对女儿说:"宝贝,那不是傻,那是一种坚定的信念。小锡兵也可以说是身残志坚,他对芭蕾舞小姐执着地守护着,不畏惧黑魔鬼,面对种种困难,他不气馁,不退缩,坚持到底。"

女儿说:"嗯,妈妈我知道,小锡兵是好样的!"

南京市李香煜妈妈 李富秋

小朋友,关于这个故事你有什么话要说,写到下面吧!

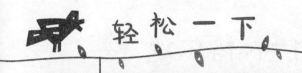

补充成语

在汉语中,有很多成语里都有植物的名字,请同学们将下面的成语用关于植物的名词补全。

与花有关的成语

朝( )夕拾
人面( )( )
( )( )世界
空谷幽( )
出水( )( )

与草有关的成语

打( )惊蛇
风吹( )动
( )船借箭
寸( )春晖
十步( )( )

与树有关的成语

百年( )人
玉( )临风
( )暗花明
( )( )依依
落( )归根

与木有关的成语

( )已成舟
人非( )( )
麻( )不仁
( )( )皆兵

凯伊和格尔达

小男孩儿凯伊和小女孩儿格尔达居住在一个城市,他们的家离得非常近,他们非常要好,像亲兄妹一样,他们天天在一起玩耍,快乐极了。

在一个雪花漫天飞舞的冬日,凯伊看见天上飘着一片很大很大的雪花,渐渐地大雪花慢慢落下,变成一个身穿华贵衣裙,浑身散发光芒的女人。这个女人看见了凯伊,冲他微笑招手,凯伊害怕地低下头,过了一会儿,他偷偷抬起头,发现那个女人不见了,其实这个女人就是魔法高强的冰雪女王。

然而凯伊并不知道这个女人是谁,他也并没有把这次奇遇告诉任何人。在他眼里还单纯地认为,那是在变魔术或是别人的恶作剧而已。

冬天过去了,一天凯伊找格尔达一起看书,两人正看得入神,外面的钟声敲响了,凯伊好奇地往窗外看,这时不幸的事情发生了,凯伊被魔镜的碎片击中了。

魔镜的碎片?这究竟是怎么回事?它有怎样的威力呢?

事情是这样的:在这个世界上有一个非常邪恶的"坏家伙",他的名字叫"魔鬼"。他制造出了一面神奇的魔镜,它能够颠倒黑白,混淆是非,只要被它照射到,美丽的东西可以变丑陋;英雄可以变流氓;好人可以变强盗……任何东西只要被它照到,都会变得邪恶起来。

魔鬼觉得这一切太有趣了,他的野心不小,他决定要带着这面魔镜去见上帝,他要上帝也变得冷酷、残忍，这样整个世界就会被魔鬼扭曲，他统治世界的目的便达到了。

可是正当魔鬼带着魔镜赶往天国时，魔镜突然怪笑起来，魔鬼一时控制不了它，结果魔镜从魔鬼手中滑落下来，掉在地上摔碎了，魔镜的碎片到处乱飞，而其中一片碎片正好撞在了我们的主人公——小男孩儿凯伊的身上，进入了他的心里。

正是这邪恶的魔镜碎片让善良的凯伊像变了一个人似的，从此他看什么东西都不顺眼，脾气暴躁、冷酷、不合群。

他再也不和好朋友格尔达玩了，这让格尔达伤心极了，而凯伊的改变让他的父母也十分惊讶，束手无策。没有人知道这是什么原因，更没人知道该怎样让凯伊变回原来的样子。

转眼间，又一个冬天到了，雪花漫天飞舞。格尔达还在为凯伊不理他而伤心，而这时的凯伊却带着他的雪橇独自滑雪去了。

这时，一个体型健硕的驯鹿拉着一辆华丽的雪橇在凯伊身边停了下来，车上坐着一位美丽的女士，她穿着华贵的大衣，浑身散发着耀眼的光芒，她看上去是那样的高贵，她就是故事开头我们提到的那个冰雪女王。

冰雪女王笑着对凯伊说："亲爱的孩子，快来到我身边，到我的大衣里暖和暖和吧。"

于是，凯伊来到了冰雪女王身边，冰雪女王打算试试她的新魔法，她低头亲吻了凯伊的额头，这冰冷刺透了凯伊的心，让凯伊忘记了所有的事情。冰雪女王带着凯伊坐着雪橇飞上天空，往自己的王宫飞去。

从此凯伊再也没回来，也没有人看见过他，大家都以为他死了。只有格尔达坚信凯伊没有死，并下决心一定要把他找回来。

春暖花开,格尔达独自一人上路了,她坚信一定能把凯伊带回来。格尔达坚强、勇敢,一路上经历了很多磨难。

一天,格尔达来到了一个美丽的樱桃园,在这里她遇到了一位长相怪异的老巫婆,她把寻找凯伊的事情告诉了老巫婆,老巫婆劝格尔达不要伤心,并施展魔法抹去了她的记忆,让她留下来帮助自己修剪枝叶。

樱桃园中有几株玫瑰花,一次格尔达在修剪花枝时,不小心弄破了手指,流出来的血将老巫婆的魔法解除了。

格尔达赶紧逃出樱桃园,到处打听凯伊的

下落。一天,她从一只乌鸦嘴里得知:凯伊答对了公主的问题,要和公主举行婚礼了。于是格尔达赶紧去寻找,结果那个人不是凯伊,只是和凯伊有些相像而已。公主被格尔达的执着和勇敢打动了,赠给她一辆金子做的马车。

而后,格尔达又遇到了强壮彪悍的女强盗,强盗好心的女儿劝妈妈不要伤害格尔达,于是格尔达连同那辆金马车一起被带进了强盗藏身的山洞。

她遇到了同被关在这里的一头善良的驯鹿,并和驯鹿成为了好朋友。格尔达把寻找凯伊的事情告诉了驯鹿,驯鹿告诉格尔达,凯伊在北冰洋冰雪女王的王宫中。在强盗女儿的帮助下,凯伊和驯鹿逃了出来,赶往冰雪王宫。

驯鹿驮着格尔达来到冰雪王宫,他们看到中了魔法的凯伊冻得浑身发紫,他正蹲在地上,摆弄着几个冰块,似乎在拼什么图案。

这时,冰雪女王出现了,在她打算惩治格

尔达时,驯鹿将格尔达寻找凯伊一路上的经过,都告诉了冰雪女王,女王受到感动,对格尔达说:"我被你的勇敢打动了,你们只要拼出'永恒'两个字,我就放你们走。"

格尔达看到凯伊立刻扑上去抱住了他,可是这时的凯伊已经不认识格尔达了,格尔达伤心地大哭起来,眼泪越流越多,流进了凯伊的心里,凯伊心里的魔镜碎片被泪水融化了,他记起了格尔达,又变回了善良的凯伊。

他俩齐心合力拼出了"永恒"两个字,他们自由了。瞧,他们手拉手一起幸福地相拥在一起。

无家可归的驯鹿,也由于机智和勇敢,成为了格尔达和凯伊的好朋友,他们一起回了家,过上了幸福的生活。

和爸爸、妈妈一起分享

每读一个故事我都会问问女儿的感受,这次也不例外。我问女儿:"你觉得魔镜和冰雪女王怎么样?"

女儿对我说:"魔镜很厉害,不过却是个害人的东西,如果能让每个人都变得更幸福就好了;而冰雪女王,她不是坏人,但她很爱捉弄人,也不算好人。"

"故事中谁最厉害呢?"我继续问道。

"当然是格尔达了。"女儿坚定地说。

"为什么呢?她可不会魔法呀。"我装作疑惑不解的样子问。

"爸爸,这你都不懂,我告诉你,她有一颗勇敢执着的心就足以对付一切了。"女儿高兴地告诉我。

看来我的女儿长大了……

上海市朱心怡爸爸　朱更海

小朋友,关于这个故事你有什么话要说,写到下面吧!

轻松一下 Game

知识链接

下面给出了成语的解释，请根据解释，写出相对应的成语。

1. 南朝江淹年少时以文才著称，晚年诗文无佳句，人们说他才尽了。（　　　　）

2. 有个玩猴子的人拿橡子喂猴子，他跟猴子说，早上给每个猴子三个橡子，晚上给四个，所有的猴子听了都急了；后来他又说早上给四个晚上给三个，所有的猴子都高兴了。原比喻聪明人善于使用手段，愚笨的人不善于辨别事情，后来比喻反复无常。（　　　　）

3. 完全为人民群众利益着想，毫无自私自利之心。（　　　　）

4. 杨子的邻居把羊丢了，没有找着。邻居说，岔路很多，岔路上又有岔路，不知往哪儿去了。比喻因情况复杂多变而迷失方向，误入歧途。（　　　　）

5. 公元前353年，魏国围攻赵国都城邯邯,齐国派田忌率军救赵。田忌用军师孙膑的计策,趁魏国内部空虚而引兵攻魏,魏军回救本国,齐军趁其疲惫,在桂陵大败魏军,赵国因而解围。(　　　　)

6.战国时有个燕国人到赵国都城邯郸去,看到那里的人走路很美,就跟着学,结果不但自己没有学会,连自己原来走路的样子也忘了。后来形容模仿别人不成,反而丧失了原有的技能。(　　　　)

7.据说古代有个叶公,非常喜欢龙。器物上画着龙,房屋上也刻着龙。真龙知道了,就到叶公家,把头探进窗户。叶公一看,吓得面如土色,拔腿就跑。(　　　　)

答案:1.江郎才尽;2.朝三暮四;3.大公无私;4.路不拾遗;5.围魏救赵;6.邯郸学步;7.叶公好龙。

魔鬼的三根金发

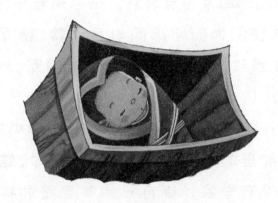

从前,有一个穷人,他的儿子出生时,天上吉星高照,看见的人都说他这个孩子红运当头,在十四岁的时候会和国王的女儿结婚。

正巧,国王路过这里听到了这个消息,很不高兴,于是找到孩子的父母,拿出一大笔钱把孩子买走了。

国王把孩子放进箱子里面,扔进了小河里。然而,神灵保佑着这个孩子,箱子一直漂浮在水面上,并且没有一滴水漏进箱子里。

孩子就这样安然无恙地漂到了一座磨坊

的拦河坝上,幸运的小男孩儿被善良的磨坊主夫妇收养了。他们非常细心地抚养小男孩儿,又耐心地培养他。

十三年后的一天,国王偶然来到磨坊。他听磨坊主说起他的儿子,磨坊主说当那孩子还是一个婴儿时,被他发现正在一个拦河坝上漂流,于是,他收养了这个孩子。

国王马上明白这个少年正是他扔到河里的那个孩子。回想起以前的传言,他不甘心,他让少年去给王后送信。

磨坊主同意了。

国王写了一封给王后的信,信中说:"这个送信的人一到,就立即把他杀死埋掉。"

少年带着信出发了,可他却在路上迷失了方向,来到了一个小村舍。

他真是太疲倦了,把信放在桌子上,躺在一条长凳子上睡着了。

强盗们回来看到信,都很同情他。于是强盗头将信撕了,模仿国王的笔迹另外写了一封信,告诉王后,这个少年到达后,马上让他和公主结婚。

少年到了王宫,将信交给王后。王后看过信,马上开始为婚礼做准备。看到少年如此英俊,公主非常愿意嫁给他做妻子。

过了一段时间,国王回宫了,看到这个少年居然已经和公主结了婚,气得暴跳如雷,叫道:"任何要娶我女儿的人都必须到地狱去,把魔鬼头上的三根金头发给我取来,只有这样,我才同意他做我的女婿。"

少年只好告别妻子,踏上了冒险之路。

他经过第一座城市时,城市的卫兵问他:"在我们的城市,集市中有一口喷泉为什么干了,再没有泉水冒出来?要是你找出是什么原因的话,我们将给你两头驮满金子的驴。"少年说:"等我回来的时候,我就全部都知道了。"

不久,少年来到另外一座城市,那儿的卫兵也问他:"我们那棵过去为我们结满金苹果的树,现在为什么连一片叶子也不长了。"少年说:"当我回来时,我就知道了。"

最后,他来到一个大湖边,摆渡的船夫问他:"为什么我总是在这水上摆渡,始终不能脱开身子去干其他的行当。你要是能告诉我,我将重重地谢你。"少年说:"当我返回时,我会告诉你答案。"

渡过湖后,少年来到了阴森恐怖的地狱。但魔王此刻不在家,少年把自己的遭遇告诉了魔王的奶奶。魔王的奶奶把少年变成了一只蚂蚁,藏在自己外衣的褶皱里,"趴着别动,千万留神听魔王所说的话。"魔王奶奶说。

天黑不久,魔王回来了。他把头枕在老奶奶的膝上,很快睡着了。这时,奶奶把他头上的一根金头发拔了出来。"哎哟!"魔王叫喊一声惊跳起来,"您在干什么呀?"

老奶奶回答说:"我做了一个噩梦,梦见有个城市的集市上有一口喷泉干枯了,没有水流出来,不知道是什么原因?"

魔王说:"其实,那是因为喷泉里面的一块石头下蹲着一只癞蛤蟆,它堵住了泉眼,只要把它打死,泉水就又会流出来的。"

说完这话,魔王又睡着了。老奶奶趁机又拔了他一根金头发,他惊醒后气冲冲地叫道:"您到底要干什么?"

老奶奶说:"我又梦见在一个大王国里有一棵美丽的树,这棵树过去是结金苹果的,但现在却一片叶子也不长了,这是什么原因呢?"

魔王说:"在那棵树的底部,有只老鼠在不停地啃咬树根,必须把它打死,那棵树才能重新结出金苹果。如果不这样做,那棵树很快就会死去。"

接着,魔王再次睡了过去,老奶奶再次拔下了第三根金头发,说:"我又做了一个奇怪的梦,梦见一位船夫似乎命中注定要在一个湖上不停地为人们来回摆渡,总是脱不开身,是不是有什么魔力困住了他?"

魔王听了说:"真是一个蠢东西!如果他把船篙塞到另外一个渡客的手中,他不就脱开身了吗?那渡客不就取代他的位置来摆渡了?"

到第二天早上,魔王出去后,老奶奶将三根金头发送给了少年,同时还送给少年很多金银财宝。少年道了谢,回家把三根金头发和金

银财宝交给了国王。国王再也不能反对他跟公主的婚事了。

可是贪婪的国王不想就此罢休，他想出了一个无赖办法——趁少年和公主不注意，把装满财宝的箱子偷跑了。

国王一个跑到河边，急忙唤来船夫。可谁料到，他刚一上船，船夫马上把船篙塞到他手中，然后跳上岸走了，留下国王在那儿摆渡。

原来，少年回来时，将摆脱魔力的方法告诉了船夫，但船夫说："不会让好人代替自己永远在这里摆渡。"

事情就是如此巧合，船夫等到了坏国王，终于可以摆脱魔力了。

和爸爸、妈妈一起分享

"妈妈,少年要到地狱去,还要获得魔王的三根金头发,这是多难的任务呀,少年不会觉得害怕吗?"硕硕问我。

"这个任务那么危险,少年当然会觉得害怕,不过他是一个勇敢的人,来自他心中的勇气能够鼓励他不畏艰险,勇往直前。"我回答说。

"那如何才能使自己充满勇气呢?"硕硕问我。

这个问题可把我难倒了,因为生活中我总是告诉孩子,你要勇敢、你要坚强,却从来没有想过,要如何才能勇敢、如何才能坚强。

看着硕硕好奇的眼神,我告诉他:"对自己有信心的人,就会拥有勇气。所以无论面临什么样的困难,你都要相信自己能够克服它。"

威海市聂百硕妈妈　耿明慧

小朋友,关于这个故事你有什么话要说,写到下面吧!

_____
_____
_____
_____

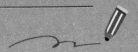

轻松一下 Game

长跑运动员之死

著名的省级长跑运动员死在了树林里，经仔细检查，发现他是被人用绳索从后面勒死的。

当时一名警察和一名医生正好去树林散步，两个人在树林里一边聊天，一边欣赏着树林里美丽的风景。

忽然他们看见不远处有个人一动不动地躺在地上，两人赶紧走上前去察看，结果发现此人已经死了。死者是省级著名的运动员，曾经取得过非常好的成绩。那么他是什么时候遇害的呢？

医生摸了摸尸体，说："尸体还有温度，看来遇害时间并不长。"

警察说："运动员是25分11秒之前被害的。"

医生很诧异地问："你并没有目击运动员遇害的全过程，你怎么知道得这么精确。"

警察自信地说："我非常肯定，要不然咱们赌一次怎么样？"

医生不相信警察会这么神，于是爽快地说："好吧，赌什么？"

警察笑着说："你一定会输的。如果谁输了，谁就去赢的人家里擦地。"

医生说："没问题。"

后来医生真的去警察家里擦地了。

运动员的遇害时间，警察为什么会知道得这么精确呢？

答案：因为运动员身上的手表是好的，用来计量自己的跑步速度。当运动员倒下时，压坏了手表，手表指针停在了25分的位置上，而表针是每日走动的手表的手转。所以现在手表上的时间应该是25只11秒。警察就是这样算出被害人的手表的手转，找到了运动员遇害的时间。

打火匣

从前,有一个打了胜仗的士兵,军队解散后,他默默地走在回家的路上。

他暗暗地想:"可怕的战争终于结束了,我也要回家了。可是战争让我变得十分贫穷,我真不知道自己要怎样生活?除了打仗,我还能做什么呢?"

就在士兵感到失落时,一位女巫看到了他。女巫正在焦急地等待着一位可以到树洞里面为她寻找打火匣的人。她多么希望士兵就是那个人,于是她走上前去热情地和士兵交谈起来。

"你好,勇敢的士兵。"女巫说。

"你好,女士。"士兵说。

"你一定希望得到一些金币吧?我想我可以帮助你实现愿望,不过你要帮我做一件事。"女巫望着士兵若有所思地说。

"真是奇怪!你又不是我,又怎么会知道我心里的想法?到底是什么事?要是我能办到,我愿意为你效劳!"士兵说。

"我可是一位十分精明的女巫,要是你小看了我的智慧,不相信我说的话,财富恐怕就会与你无缘了。我想这绝不是你希望发生的事,勇敢的士兵,我说得对吗?"女巫说。

"你说得对极了,这世上有谁不希望得到财富呢?"士兵说。

"你看到不远处那棵十分高大的树了吗?那是一棵空心树,在树洞里面有三个房间,每个房间里都会有一只箱子,每只箱子里分别装满了金币、银币和铜币。不过每只箱子都有一只眼睛大得吓人的狗坐在上面。要是你愿意爬到树洞里面,那么箱子中的金币、银币、铜币可就都属于你了。我会把我的围裙给你,你要记得把狗放在围裙上,只有这样,你才能够安全地取出金币、银币还有铜币。"女巫说。

"可我怎样才能爬到树洞里面呢?"士兵疑惑地问。

"这个就不劳你费心了,到时我会把一根绳子系在你的腰上,你完全没有必要为你的安全担心。"女巫说。

"要是那样,我倒很愿意到树洞里面去看看。可是我要做什么才能报答你呢?"士兵问。

"你只需要把一个旧的打火匣给我就可以了。这是我唯一想要得到的东西。"女巫说。

"要是那样,就按照你说的办吧。"士兵说。

不一会儿,士兵就进入了大树里面,一切果真就像女巫说的那样。士兵心中别提有多高兴了,他把金币装进衣袋里,然后马上爬了上来。

"你找到打火匣了吗?"女巫问。

"哦,真是不好意思,我竟然给忘了,我恐怕要再下去找一找了。"士兵说。

"那你就快去吧。"女巫说。

很快,士兵便找到了打火匣,他想顺着绳子爬上来。

"你找到打火匣了吗?"女巫又问。

"当然了,不过你要先让我上来。"士兵拽着绳子在树里说。

"我一定会让你上来的,不过你要先把打火匣给我。"女巫回答士兵。

"打火匣,那到底是怎样一个东西?我多想看一看!我真是不明白,你为什么一定要得到这件东西呢?"士兵突然升起好奇心了,他不解地问。

"这是一件无关紧要的事儿,你完全没有必

要放在心上。"女巫说。

"我想这绝不会是一件普通的东西,那么它到底有什么用呢?"士兵问。

"你已经得到了金币,不是吗?这个打火匣应该是属于我的!"女巫说。

"要是你不愿回答我的问题,我只好把你杀死了。"说着,士兵一步窜到了大树外,一下就把女巫杀死了。

士兵带着金币和打火匣来到城里。他高兴地说:"我终于有了很多金币,现在可以过我想要的生活了。"

士兵拿着金币住进了一家很大的旅馆,买了最漂亮的衣服和鞋子。他喝着红酒,认识了很多有身份、有地位的人,现在他看起来像一位绅士。

士兵被邀请参加一个舞会,舞会上人们议论着最近发生的有趣的事儿。

其中有一个人对他说:"国王的女儿看起

来十分美丽,可她却不能走出宫殿来,她不能看到外面的世界。"

"真奇怪,这世上竟会有这样的事!这到底是为什么?"士兵说。

"预言说,'国王的女儿会嫁给一位再普通不过的士兵。'可国王不希望发生那样的事,便把公主关了起来。"那个人说。

"我倒希望能见一见那位公主。"士兵说。

日子一天天过去了,士兵手中的金币就像流水一般一去不回,没过多久,金币便被花光了。

士兵失望地说:"现在,我又重新变回了穷人,我所认识的那些有身份、有地位的人溜得比兔子还快。穷人的日子真是不好过,没有了金币,我现在不得不住到破旧的阁楼里。"

一天夜里,天空被乌云笼罩,星星和月亮害羞地躲了起来,屋里别提有多黑了。

士兵暗暗地想:"要是屋里面能亮起来该

有多好,可我现在连蜡烛都买不起了。看来不得不面对黑暗了,也不知道我手里的打火匣到底有什么用?哦,对了,我为什么不试一试呢,或许它真的能让我的屋子亮起来呢!"

想到这里,士兵便小心地划了一下打火匣。就在士兵划燃打火匣的一瞬间,一只眼睛大得吓人的铜狗出现了,他望着士兵说:"我的主人,您有什么需要吗?我愿意为您做任何事情。"

士兵惊奇地说:"哦,天哪!原来打火匣确实不是一件普通的东西,现在我终于知道它的用处了。"

"小狗,我多么希望能得到一些钱!"士兵说。

不一会儿,小

狗便叼着一袋子铜币来到了士兵面前。

"小狗,我真为你的到来感到高兴!"士兵看着钱币,开心地说。

"划一下打火匣,会变出小狗。那如果划两下打火匣,又或者划三下打火匣,会不会有什么意想不到的收获呢?我多想知道关于打火匣的一切。"士兵自言自语地说。

想到这里,士兵便尝试着划了两下打火匣,结果,出现了一只银狗。当他划了三下打火匣时,又出现了一只金狗。

很快,士兵用小狗带来的钱,买了一座大房子,他在里面住得很开心。

有了钱的士兵再一次成为富有的绅士,他所认识的那些有身份、有地位的人又重新回到了他的身边。士兵每天在房间里享受着美味,品尝着美酒,日子过得一天比一天好。

忽然有一天,士兵对现在的生活感到厌倦了。他暗暗地想:"这世间的美味、美酒我都已经品尝过了,可我还没有见过那位美丽的公主,要是我能够见到那位美丽的公主该有多好!"

这时,士兵想到了他的打火匣,想到了那三只狗,于是他望着小狗说:"小狗,我多想见一见那位美丽的公主,你能帮我把她背来吗?"

小狗说:"我的主人,就请您放心吧,我很快就会把公主背到这里来。"

不一会儿,公主便被小狗背到了士兵的房间。这时公主正在沉沉睡着,仿佛做着一

个美梦。

望着美丽的公主，士兵的心在胸膛中跳得更快了，他不禁多看了公主几眼。

天就要亮了，小狗对士兵说："我的主人，我现在必须把公主送回去了。"

听到小狗这样说，士兵心中充满了无奈，他多么希望这位美丽的公主能够成为他的妻子。

清晨，阳光洒进了公主所在的宫殿。她揉揉眼睛，从睡梦中醒来。

公主对国王和王后说："亲爱的父亲、母亲，你们一定想不到我做了一个什么梦：在梦里我被一只小狗带到了一个士兵的房间，士兵一刻不停地看着我。"

"哦，天哪，竟会有这样的怪梦，我想它一定不会是真的！不过我倒有兴趣做一个实验，今晚我会让一个宫女守在你的床边，你梦里的那只小狗一定不会再出现的。亲爱的孩子，你完全不用为此担心。"国王说。

夜幕终于降临了，士兵又对小狗说："小狗，我多想再看一看那位公主。"

"哦，好的，我的主人，我很快就会让你实现愿望。"小狗说。

这一次，小狗依旧很顺利地把公主从房间里背出来。不过事情变得复杂了，那位被命令守在公主床边的宫女，一直默默地跟在公主身后，她把一切都看在了眼里。

宫女自言自语地说："现在我终于知道到底发生什么事情了，看来我知道该如何回禀国王陛下事情的经过了，不过为了明天我还能够找到这个地方，我现在不得不在这家人的门上做个记号。"

于是，她把一个十字画在了士兵家的门上。

做完这一切,她便回到房间睡觉了。

天就要亮了,小狗像上一次那样把公主送回了宫殿,他发现在士兵家的门上多了一个十字。他似乎明白了,于是他把十字画在了士兵家附近的所有人家的门上。

没过多久,国王和王后听到宫女的回禀,他们带着宫女出了皇宫,急切地想要知道公主深夜到底去了哪里,到底见了什么人。

可是到达士兵家附近的时候,他们发现所有门上都画着十字标记的时候,不禁愣住了。

王后说:"看来,我们必须要想新的办法了。"

一群人回到王宫,王后找来绸子缝了起来,不一会儿便缝好了一个看起来十分精致的袋子,她把荞麦粉装在里面,系在了公主的腰间。与其他袋子不同的是,这装荞麦粉的袋子破了一个小洞。

转眼又到了深夜,小狗又一次来到了公主

所在的宫殿,把公主背走了。

士兵像往常那样深情地望着公主,天就要亮了,小狗又像往常一样把公主送回了宫殿。

不过这回,士兵恐怕没有以前那么幸运了,从王宫到士兵家的路上被撒满了荞麦粉。这便是从公主腰间那个破了一个小洞的袋子里撒出来的,小狗完全不知道他的主人即将有什么遭遇。

天亮了,国王和王后通过地上的荞麦粉痕迹找到了士兵的家,他们生气地把士兵抓了起来,并宣布:在第二天中午到来时绞死士兵。

或许是因为太过于匆忙的缘故,士兵竟然将打火匣落在了家里。

第二天,刑场上来了很多人,人们都想看看到底是谁敢接近公主。在这些人中有一个人认识士兵,他是鞋匠的学徒。

士兵对学徒说:"我就要被绞死了,你愿意帮我做一件事吗?"

"要是我能办到的话,我十分愿意为您效劳。"鞋匠的学徒回答说。

"要是那样,就拜托你到我家中帮我取出那只旧的打火匣。要是你能把这件事情办好,我愿意给你一些金币。"士兵说。

不久,鞋匠的学徒便来到士兵家取来了打火匣。

就在士兵将要走上绞刑架的时候,士兵对国王说:"尊敬的国王,我可以在去另一个世界之前,抽一口烟吗?"

"当然可以了。"国王说。

于是,士兵便拿出打火匣划了起来,不一会儿那三只小狗便跳了出来。

小狗们望着士兵说:"我的主人,你有什么事需要我们帮忙吗?"

士兵回答说:"我还不想就这样失去生命,拜托你们救救我。"

"哦,好的,我的主人。"说着,小狗们便扑到了法官和那些审判人员的身上,把他们高高地抛到了空中。

没过多久,他们都重重地摔在了地上,被摔成了肉酱。

国王和王后看到这一幕,不禁颤抖起来。为了保证自身的安全,他们只好答应把公主嫁给士兵,并为他们举办了一场十分盛大的婚礼。

婚后,公主和士兵共同治理着国家。

和爸爸、妈妈一起分享

"好神奇的打火匣啊!"天天说。

"故事里总会出现一些能够实现人们愿望的各种各样的宝物,天天读过的其他故事中,有哪些其他的万能的宝物呢?"我问他。

天天仔细想了一下,说:"有阿拉丁的神灯;神笔马良的毛笔;七色花;《渔夫和妻子》里面被施了魔法的比目鱼王子;被关在瓶子里的妖怪;哆啦A梦的口袋等。"

我夸奖他记得真牢,之前的故事肯定都认真听了,然后又问他:"如果是你,你想要什么样的宝物呢?"

"我希望现在的生活可以一直持续下去,现在的生活让我觉得很开心,很幸福。"

深圳市周天妈妈 曹秀英

小朋友,关于这个故事你有什么话要说,写到下面吧!

_____
_____
_____
_____

轻松一下 Game

填古诗

将下面古诗词中缺少的句子填上,然后读一读。

1. 忆江南

（　）好,风景旧曾谙。

日出江花（　）胜火,

春来江水（　）如蓝。

能不忆（　　　）?

2. 回乡偶书

（　）（　）离家（　）（　）回,

（　）音（　）改（　）毛（　）。

（　）童相（　）不（　）（　）,

（　）（　）客从（　）（　）来。

3. 风

解（ ）三（ ）叶，

能开二（ ）（ ）。

过江（ ）（ ）浪，

入竹（ ）（ ）（ ）。

4. 春晓

春眠不（ ）（ ），

（ ）（ ）闻啼鸟。

（ ）来（ ）雨声，

花（ ）知（ ）（ ）。

5. 登鹳雀楼

白日（ ）（ ）（ ），

黄河（ ）（ ）（ ）。

（ ）（ ）（ ）里目，

更（ ）一（ ）（ ）。

大胆学害怕

从前,有位父亲和他的两个儿子在一起生活。大儿子很聪明,无论什么问题都不能将他难倒,但他胆子很小。小儿子几乎对这世上的事一无所知,什么事情也不愿意学,不过他的胆子却很大,他从来不知道害怕是什么,大家都叫他傻大胆。

邻居们总是对父亲说:"你的小儿子一定让你费尽心思了吧?和你的小儿子在一起生活简直太不容易了。"

邻居的话令这位父亲感到十分苦恼,他暗

暗地想:"我的小儿子年纪已经不小了,可他却什么本领也不会,我真是有些担心,他以后该如何在这世上生活。"

一天,父亲对傻大胆说:"亲爱的孩子,你该学些本领了,要不然你将如何在这世上独立生活呢?"

傻大胆回答说:"亲爱的父亲,我常常听到哥哥说'害怕',可我却不知道'害怕'到底是什么东西,或许'害怕'是一件很厉害的本领呢,我倒希望我能够学会'害怕'。"

"哦,天哪,真是没有想到你竟然会这样想,既然这样,你就拿着这枚银币走出家门吧,我再也没有办法管你了。"父亲无奈地说。

傻大胆就这样离开了家,到外面学习害怕去了。晚上,傻大胆走进一家旅馆。

他大声喊道:"要是我会害怕该有多好啊!"

店主知道了情况后,对傻大胆说:"要是你想学会害怕,我倒是可以帮你,这附近有一座魔宫，里面堆满了金币和宝物，可是这些东西完全掌握在恶魔手里，国王曾对天下人立下誓言：要是有人能够在魔宫住三夜，解除魔宫的魔法，那个人就可以娶公主为妻。如果你能够打败恶魔，你不仅可以学会害怕，还能娶公主为妻呢，这是一个多么好的机会呀。"

"哦，听起来真是不错，或许我可以去试试呢。"傻大胆说。

第二天早晨，傻大胆来到王宫对国王说："尊敬的国王，我想去魔宫住三夜。"

国王说："难道你一点儿也不害怕吗？要是你想去就去吧，在你进入魔宫之前，可以带走三样没有生命力的东西。"

"要是那样，就请给我一个

火把,一个木匠用过的工作台,一台带着刀具的车床吧。"傻大胆说。

国王把傻大胆要的东西一一给了他,对他说:"你最好在白天就把你所需要的东西运到魔宫里面。"

傻大胆在黄昏时分进入魔宫,用火把生起一堆火,把车床和木匠工作台放在火堆旁边,紧挨着车床坐了下来,他自言自语地说:"我到底要怎样做才能够学会害怕?"

傻大胆在火堆旁坐了很久,房间里一直静悄悄的,没有一点儿声响。半夜的时候,房间里来了两只凶恶的大黑猫,傻大胆大声喊道:"要是你们感觉冷了,就过来和我一起烤烤火。"

黑猫听了傻大胆的话,便从远处走到了火堆旁。过了一会儿,黑猫对傻大胆说:"年轻人,我们来打牌吧。"

傻大胆回答说:"哦,这倒是个不错的主意,不过我要先看看你们的爪子,快把你们的爪子伸出来。"

黑猫很快就伸出了爪子。傻大胆望着黑猫的爪子说："你们的指甲太长了，让我来帮你们剪短吧。"

说完，傻大胆便把黑猫拎起来，把他们打死了。没过多久，房间里便来了更多的黑猫和黑狗，他们拖着一条被火烧红的链子，尖叫着，在火堆上乱踩，似乎要把火弄灭。

开始的时候，傻大胆默默地看着他们的恶作剧，可是等他们把屋子弄得不成样子的时候，傻大胆毫不犹豫地拿起车床上的刀，大声喊道："走开，你们这群让人讨厌的家伙。"

有些猫和狗还不走开,就被傻大胆砍死并扔到了外面。

做完这一切,傻大胆重新生起了火,想要坐在火边暖暖身子,可是没过多久,他便困得睁不开眼睛了。

这时候,他发现房间的一个角落里摆放着一张很大的床,于是他高兴地躺在了上面。他刚闭上眼睛,大床便开始走路了,傻大胆大声喊:"我倒要看看,你还能走多久。"

大床似乎听懂了傻大胆的话,它走得更快了。忽然,房间里传来"轰隆隆"的声音,大床翻了,把傻大胆压在了下面。傻大胆迅速从床底下钻了出来,坐在了火堆旁,继续睡觉。

第二天早晨,国王来到魔宫,看到傻大胆躺在地上,难过地说:"真是可惜,他还这么年轻就失去了生命。"

傻大胆听到国王的话,一下子从地上坐了起来,说:"我才不会那么轻易就被打败呢。"

"哦,那么魔宫的情况到底如何呢?"国王吃惊地问。

傻大胆回答说:"魔宫并不可怕,我已经熬过一夜了,第二天晚上和第三天晚上也会很快过去的。"

第二天夜里,傻大胆再一次进入魔宫,他坐在火堆边自言自语地说:"我真好奇,害怕到底是什么?为什么我还没有学会害怕?"

午夜到来了,从烟囱里面走来一个半截人,傻大胆望着半截人说:"为什么你的身体只有半截,另外半截到哪里去了?"

紧接着,那个人的另外半截身体也从烟囱里面爬了出来,来到了傻大胆面前。

"等一下,我把火吹得旺些。"火光下,傻大胆看到,两个半截的身体逐渐合起来了,变成一个魔鬼,坐在靠近火堆的位置。

"你真是个令人讨厌的家伙,竟敢抢占了最好的位置!"傻大胆说。

他用力一推，把魔鬼推到一边，坐到那个位置上。没过多久，房间里来了更多的只有半截身体的家伙，他们带来了一些骨头和骷髅，把骨头立在地面上，把骷髅来回扔着做游戏。

傻大胆看见那些只有半截身体的家伙们在玩游戏，心中很好奇，便走上前对他们说："你们愿意和我一起玩吗？"

"当然了，不过你必须要拿出一些钱来。"那些只有半截身体的家伙们说。

"钱的问题就不劳你们费心了，我倒希望把你们的球变得圆一点儿。"傻大胆说。

说完，他便把那些家伙手中的骷髅拿起来，放到车床上磨了起来。不一会儿，傻大胆便把骷髅磨圆了，递给了那些奇怪的家伙们，并和他们玩耍起来。

转眼间天快要亮了，傻大胆看到的一切都不见了。傻大胆只好在火堆旁躺下睡觉。

第三天夜里，傻大胆像前两天晚上那样，在

火堆边自言自语地说:"害怕到底是什么?为什么我还没有学会害怕?"

就在这时,从外面走进来一个看起来很高、胡须花白的男人,他的样子简直比魔鬼还可怕。

陌生男人说:"伙计,我很快就会让你明白到底什么是害怕了,我会要了你的命。"

傻大胆回答说:"那么,我十分愿意和你比试一下,我可不认为我的力量不如你。"

"要是你赢了,我就离开,再也不来打扰你。"陌生男人说。他带着傻大胆来到了铁匠炉前,举起斧头一下子就把铁砧狠狠地砸到地里面去了。

傻大胆说:"这又算得了什么,我想我会做得比你更好。"于是,他拿起斧头向铁砧劈去,只听"咔嚓"一声,铁砧被劈成了两半。

随后,他抓住陌生男人的胡子,说:"你这个令人讨厌的家伙,我终于抓到你了。"他拿起铁棍,狠狠地敲打陌生男人。棍子如雨点般打在陌生男人身上,陌生男人忍受不住身上的疼痛哀求说:"请你手下留情,要是你能放过我,我愿意送给你一些金子。"

傻大胆松开陌生男人的胡子。陌生男人拿出三只箱子,对傻大胆说:"箱子里面有很多黄金,你要记得把一箱送给那些穷苦的人们,一箱送给国王,还有一箱留给自己。"说完,陌生男人便消失了。傻大胆惆怅地回到火堆旁睡着了。

第二天早晨,国王来到魔宫,对傻大胆说:"现在你明白什么是害怕了吗?"

傻大胆回答说:"我还是没有明白害怕到底是什么东西?不过有一个魔鬼给了我三箱金子,他让我把一箱送给那些穷苦的人们,一箱送给国王,还有一箱留给自己。"

听到傻大胆的话,国王明白,傻大胆解除了魔宫的魔法,他开心极了,便把公主嫁给了他。国王给他们举行了盛大的婚礼。结婚以后,

傻大胆还经常会说:"我怎么学不会害怕呢?"

公主听到傻大胆的话很苦恼,于是她叫侍女到花园的小溪边,装了满满一桶鱼,晚上傻大胆睡着以后,公主把满满一桶鱼都倒在了傻大胆身上。

傻大胆从梦中惊醒,难过地说:"哦,天哪,到底是什么东西在我身上乱蹦乱跳,真是令人害怕!"

和爸爸、妈妈一起分享

你会害怕吗？我想你一定会说，会害怕。小的时候，你可能会害怕一条虫子，长大了可能会害怕找不到理想的工作。

人生路上布满了荆棘，成功路上充满了艰辛，可傻大胆却毫不在乎，他凭着勇气战胜了魔鬼，最终使宫殿摆脱了魔法的控制。

或许，我们在生活中不会遇到和傻大胆一样的事情，不会遇到很多大风大浪。但是一丝不苟地做好平凡的工作，却需要很多耐心和毅力，它们和勇气一样，是十分重要的品质。

希望年轻的你们能够成为勇士，勇于面对生活中的困难和挫折，奏响属于你们的人生之歌。

鸡西市初中语文老师　曹庆文

小朋友，关于这个故事你有什么话要说，写到下面吧！

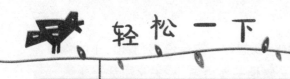

名人名言

别林斯基

好的书籍是最贵重的珍宝。

卡莱尔

过去一切时代的精华尽在书中。

培根

合理安排时间,就等于节约时间。

佚名

感激每一个新的挑战,因为它会锻造你的意志和品格。

王阳明

故立志者,为学之心也;为学者,立志之事也。

苏轼

古之立大事者,不惟有超世之才,亦必有坚忍不拔之志。

富兰克林

读书是易事,思索是难事,但两者缺一,便

全无用处。
鲁巴金
读书是在别人思想的帮助下,建立起自己的思想。
歌德
读一本好书,就如同和一个高尚的人在交谈。
达尔文
敢于浪费哪怕一个钟头时间的人,说明他还不懂得珍惜生命的全部价值。
奥斯特洛夫斯基
共同的事业,共同的斗争,可以使人们产生忍受一切的力量。
莎士比亚
抛弃时间的人,时间也抛弃他。

莴苣姑娘

从前，有一对贫穷的夫妻，他们已经结婚很久了，却没有孩子。妻子跪在地上默默地祈祷："上帝啊，我多么希望您能送我一个孩子。"

一天，妻子在家感到无聊便向窗外望去，这时，她发现在外面的花园中生长着绿油油的莴苣，她暗暗地想："要是我能吃到莴苣该有多好！要是这花园的主人不是一位女巫该有多好！"

时间一天天过去了，妻子更加想尝一尝莴苣的味道。因为吃不到莴苣，没过多久，她便病倒了。她的丈夫看到她憔悴的样子被吓了一跳,吃惊地问:"亲爱的妻子,你到底怎么了?"

妻子回答说:"恐怕我就要死了,因为我十分想念莴苣的味道,却吃不到。"

丈夫难过地说:"亲爱的妻子,我绝不会让你离开我的,不管发生什么事情,我都会把莴苣给你带回来。"

为了实现妻子的愿望,丈夫偷偷地来到了女巫的花园,飞快地拔下莴苣跑回家里。

妻子看到丈夫带回了莴苣,开心极了。她把莴苣做成沙拉吃起来,她愉快地说:"莴苣的味道简直太美了,要是我明天还能吃到莴苣该有多好。"

第二天,丈夫再次来到了女巫的花园,就在他即将离开的时候,女巫出现在了他面前,她愤怒地说:"你竟然敢不和我打招呼就来到我的花园,偷走我的莴苣,知道你自己在做什么吗?"

丈夫害怕地说:"请可怜可怜我吧,我的妻子要是吃不到莴苣就会死掉,我多么不希望发生那样的事!"

"要是那样,你必须答应我一个条件,当你妻子生下孩子时,孩子必须交给我抚养。"女巫说。丈夫答应了女巫的条件。

没过多久,妻子便生下了一个女孩儿,丈夫把女孩儿交给女巫,女巫给她取名为莴苣。莴苣渐渐长大了,一天比一天漂亮。

在她十二岁的时候,女巫把她关进了森林里面的一座高塔。莴苣姑娘在高塔中几乎看不到外面的世界。每当女巫要进塔时，就会在塔下喊："莴苣，快放下你的发辫！"莴苣听了，便将自己的发辫顺着高塔放下来，女巫顺着发辫爬上高塔。

为了让时间过得快点儿，莴苣姑娘在高塔里面几乎每天都会唱歌。

转眼间，两年过去了。一天，莴苣姑娘像往常一样在高塔里面唱着歌，歌声被一位骑马经过高塔的王子听到了，王子不由得停下了脚步。他多想见一见唱歌的姑娘呀，却无论怎样也找不到进入高塔的门。

他只好失望地回到王宫。莴苣姑娘的歌声不断在王子的脑海中回荡，他再也忘不掉莴苣姑娘那美妙动听的歌声了。于是，他每天都会骑马来到森林中的高塔前，倾听莴苣姑娘唱歌。

一天，王子骑马来到森林，在距离高塔不远的地方，听到女巫对莴苣姑娘说："莴苣，快放下你的发辫。"莴苣听了，便将自己发辫顺着高塔放下来,女巫顺着发辫爬上了高塔。

第二天傍晚,王子也学女巫的方法爬上了高塔。莴苣姑娘看到爬上来的是一位陌生的男子,不由得有些吃惊和害怕,不过当她看到王子英俊的外表,听到王子说话时,心中便不再感到害怕了。

几乎每天晚上,王子都会来到高塔里看望莴苣姑娘,王子渐渐地爱上了莴苣姑娘。"美丽的姑娘,你愿意嫁给我吗?"王子问。

莴苣姑娘思索了片刻,回答说:"我愿意和你在一起,可是我们要怎样做才能离开这里呢?要是你每天来看我时给我带来一根丝线,我便可以用丝线编成梯子,那样我们就可以顺着梯子逃出高塔了。"

于是,王子每天都会给莴苣姑娘带来一根丝线,日子一天天过去,莴苣姑娘终于把梯子编好了。一天,莴苣姑娘对女巫说:"为什么我拉你上来时感觉很累,拉王子上来时却感觉很轻松呢?"

女巫气愤地说:"你到底在说什么?你竟敢趁我不在的时候,偷偷和别人见面,看我不收拾你。"说完,女巫便剪掉了莴苣姑娘的辫子,把她送到了荒野中。

第二天,王子骑马来到高塔,像往常一样喊道:"莴苣,快放下你的发辫!"

女巫听到王子的话,便把莴苣姑娘的发辫放了下来。王子顺着发辫来到高塔,却没有看到莴苣姑娘,反而见到了女巫。

女巫气愤地说:"原来,你就是莴苣口中的王子,你是来找心上人的吧,她已经被我送到荒野了,你再也不能见到她了。"

听到女巫这样说,

王子不禁有些绝望,于是,他从高塔上跳了下去。

王子掉进一片荆棘丛里,他的眼睛被荆棘的刺弄伤了,从此以后,王子的眼睛便看不清东西了。他独自一人在森林中流浪。

因为眼睛看不清东西,王子不得不在黑暗中摸索着走每一步路,肚子饿了只能吃些草根和野果,不过王子并没有灰心,每当想到莴苣姑娘的时候,王子心中便充满了希望。

转眼几年过去了,王子终于来到了莴苣姑娘所在的荒野,王子循着声音来到了莴苣姑娘身边,莴苣姑娘一下就认出了王子,她紧紧地搂住王子痛哭不已。

她的眼泪滑进王子的眼眶,忽然,王子的

眼睛变得像从前一样明亮。王子非常开心,他带着莴苣姑娘回到了王国,从此他们过上了幸福的生活!

和爸爸、妈妈一起分享

回到家我把故事讲给女儿听,女儿感慨地说:"莴苣姑娘和王子经历了那么多磨难,实在太不容易了。"

我说:"是呀,莴苣姑娘的命运还真有些坎坷,她在荒野中一定受了很多苦,可她并没有灰心,你知道这是为什么吗?"

女儿摇摇头,说:"不知道。"

我说:"因为莴苣姑娘坚信王子一定会来寻找她,所以她心中始终充满希望,生活中充满着困难和艰辛,当你遇到困难时你会怎么做呢?"

女儿思索了一会儿,说:"爸爸,我明白了。困难并不可怕,遇到困难要勇敢,要相信自己的能力,坚定向前。"

我笑着说:"孩子,我要给你一个大大的拥抱,爸爸对你的回答很满意。"

大连市张诗婷爸爸　张树春

小朋友,关于这个故事你有什么话要说,写到下面吧!